이직바이블

이직
바이블

Contents

Intro 모든 직장인이 이직을 준비해야 하는 이유 7

STEP 1 이직 준비 수준 체크하기

이직 준비 체크리스트 ······ 23

STEP 2 성공적인 이직을 위한 이직 플랜 만들기

이직의 유형 3가지 ······ 41
이직할 기업을 찾는 기준 ······ 50
기업 유형별 체크포인트 ······ 58
고민 QnA : 안정적인 회사에서 이직하는 것이 과연 성공적인 이직일까? ······ 70

STEP 3 후회 없는 퇴사 타이밍 진단 가이드

공통 체크리스트 ······ 79
연차별 체크리스트 ······ 92
고민 QnA : 상사의 변덕과 가스라이팅 때문에 너무 힘들어요 ······ 104

STEP 4 면접관이 뽑고 싶은 경력기술서 작성 방법

경력 기술서와 물경력 진단 ······ 113
경력 기술서 템플릿 사용 가이드 ······ 142
고민 QnA : 회사에서 열심히만 하면 안되는 이유 ······ 180

STEP 5 퇴직 사유 준비 가이드

면접관이 의심하지 않는 퇴직 사유 ····· 191

퇴직 사유 정리 프로세스 ····· 218

고민 QnA : 과도한 업무량과 야근으로 퇴사가 고민될 때 ····· 230

STEP 6 경력 면접의 특징

신입 면접과 다른 경력 면접 포인트 ····· 241

고민 QnA : 물경력과 공백기로 경력이 꼬이는 과정 ····· 252

STEP 7 레퍼런스 체크 노하우

레퍼런스 체크 (평판조회) 준비가이드 ····· 263

고민 QnA : 무조건 회사를 믿으면 안 되는 이유 ····· 279

STEP 8 완벽하게 마무리하는 퇴사 가이드

퇴직 면담의 순서와 주의사항 ····· 291

Outro 이직은 수단이지 목적이 아니다 307

Intro

" 모든 직장인이 이직을 준비해야 하는 이유

우리는 '조용한 퇴사' 혹은 '대퇴사 시대'를 살아가고 있다. 퇴사자라는 단어가 조직 부적응자를 뜻하는 부정적인 뉘앙스를 풍기던 시기가 있었는데, 어느새 능력자를 대표하는 단어가 되었고, 세대를 대표하는 트렌드 키워드가 되었다.

나는 대기업 인사 책임자로 근무하며 수많은 직원을 떠나보냈고, 또 거꾸로 영입을 시도하면서 이직의 기준을 정리할 수 있을 만큼의 경험과 자료가 쌓이게 되었다. 퇴사 후 유튜버로 활동하며 전국의 직장인들과 소통했고, 나의 경험 중 일반화시킬 수 있는 것과 표준을 제시해야 할 기준들을 발전시켰다. 이 책을 통해서 이직을 고민하는 모든 직장인들이 막연한 이직이나 돌아가는 이직을 하지 않고 바른 이직을 하도록 돕고자 한다. 한발 더 나아가 새로운 성장에 도전할 수 있도록 관점을 전환하고자 한다.

우리는 많은 직장인을 분석했고, 그들의 실수와 후회를 통계로 정리했다.

직장생활 하면서 현타오는 순간 (4.3천명 투표)

28%	열심히 일해도 회사에서 인정받지 못할 때 (대체 내가 잘하는건 뭐지?)
28%	일의 의미를 잃어버렸을 때 (나는 무엇을 위해 이 일을 하는거지?)
18%	회사의 미래가 안보일 때 (이 회사에 계속 다니는게 맞는 걸까?)
15%	매일 야근하며 무리한 업무가 반복될 때 (이렇게 지치도록 하는게 맞나?)
11%	회사에 본받을 사람이 없을 때 (내가 10년 뒤 저 부장처럼 된다니?)

유튜브 '퇴사한 이형' 채널을 통해서 수시로 직장인들의 상태와 생각을 조사한다. 위의 조사는 직장생활 하면서 경험하는 현타(현실자각 타임)의 순간을 조사한 것이다. 짧은 시간 내에 정말 많은 이들이 반응하였고, 여러 댓글을 달아주었다. 재미있게도 현타에 빠지는 이유 1~3위가 일에 대한 의미와 인정, 그에 대한 회의였다. 그러니 현타를 조금 더 본질적으로 표현하자면 '내가 누구이고, 여긴 어디인가?'에 대한 질문인 것이다. 직장인이라면 누구나

경험하는 일일 텐데, 이것은 단순히 직장인만 겪는 경험은 아니다. 어린 자녀를 키우는 엄마도 거의 매일 하는 경험이고, 동태눈깔을 한 학생들을 가르치는 선생님도 매 수업 시간 경험한다.

막연한 질문 속에 우리를 그대로 방치하면, 삶에 대한 솔루션도 얻을 수 없다. 변화를 위해서는 구체적인 관점을 가지고, 변화의 포인트를 정리해야 한다. 이제 관점을 조금 더 확장하여 직장인의 상태를 보도록 하자.

회사 생활에 대한 만족도는 누구 책임인가?

회사생활 만족도 (5점 만점,466명 참여)

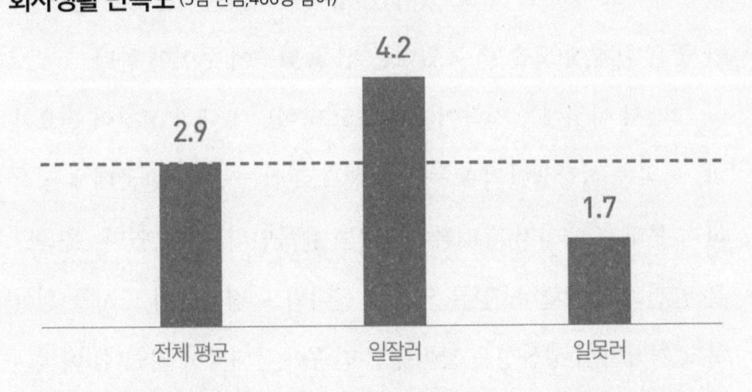

이 그래프는 '스스로를 일잘러(일 잘하는 사람)라고 생각하는가? 일못러(일 못하는 사람)라고 생각하는가?' 를 질문한 뒤, 그들의 직장생활 만족도를 조사한 그래프이다. 물론, 일잘러와 일못러에 대한 평가가 주관적이기 때문에 응답자들이 정말 일잘러인지 일못러인지는 알 수 없다. 그러나 회사 생활 만족도 역시 주관적인 기준으로 평가하기 때문에 충분히 검토해볼 만한 가치가 있다고 보았다. 큰 틀에서 스스로 일잘러라고 느낄수록 회사에 만족하는 것은 분명해 보인다.

여기에서 우리가 생각해야 할 포인트는, 일잘러가 되기 위한 노력과 인식의 변화만으로도 만족도가 상당히 개선된다는 점이다. 하지만, 스스로 일못러라고 느낄 수록 환경에 대한 비난과 불평을 하게 되고, 이것은 곧 퇴사와 이직의 동기로 연결된다. 닭이 먼저인가 달걀이 먼저인가는 끝나지 않은 인류 최대의 논쟁이지만, 이직에 대한 관점도 이와 같이 봐야 한다. 이직이 어찌 보면 새 출발이라고 생각할 수도 있지만, 동시에 적응에 실패할 경우 더 안 좋은 환경에 노출될 수 있다는 점을 염두에 두어야 한다.

그래서 이직에는 전략이 필요하고 타이밍에 대한 고찰이 필요하다. 이직을 직장생활의 모든 솔루션으로 삼는 순간, 한군데에 정착하지 못하고 이리저리 떠돌아다니는 유목민이 될 수 있다. 유목민은 발전하기 어렵다. 인류 역사를 돌아봐도 정착하여 도시를 건설하고 경작하며 생산성을 끌어올린 민족이 강대국이 되었다. 이직은 '어디에 정착할 것인가?'라는 관점에서 탐색 수단이 될 수는 있으나, 이동하는 것이 일상이 되는 순간 커리어의 성장을 기대하기는 어려워진다. 새로운 조직에 적응하고, 사람들의 문화와 의사소통을 배우느라 눈칫밥만 늘 확률이 높다. 또 자주 이동하는 유목민은 토착민이 배척하거나 신뢰하지 않을 수도 있다는 사실을 기억하자.

357 퇴사 고민주기

우리는 조사를 통해 연차별로 경험하는 일반적인 만족도의 곡선이 있다는 사실을 알게 되었다.

연차별 회사 만족도 (5점 만점, 참여 466명)

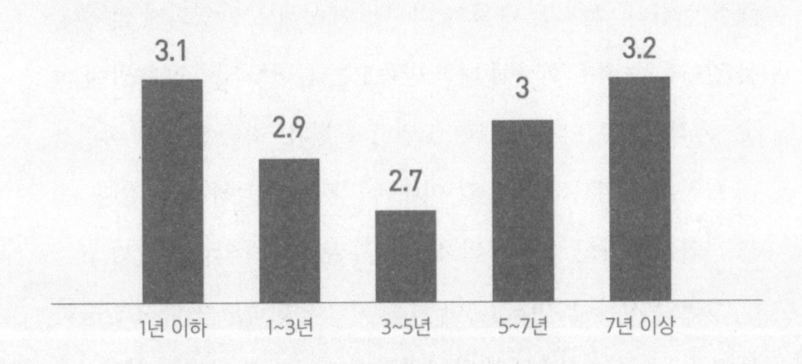

이 그래프는 직장 연차별로 회사 만족도를 조사한 내용이다. 1년 차는 입사 직후이기 때문에 회사의 상황과 상관없이 만족도가 높은 편이고, 회사를 가장 잘 적응하고 정착할만한 시기인 3~5년 차에 최저점을 찍고 나서 다시 반등하여 7년 이상에서 가장 높은 만족도를 보였다.

7년 차 이상이 엄청난 이직 활동을 거쳐서 높은 만족도를 갖게 된 것이 아니다. 어떤 경우는 한 조직에서 적응을 마치고, 자신의 역할과 기여를 찾으면서 만족을 찾았고, 어떤 경우는 적절한 이직을 통해서 자신의 위치를 찾아가며 만족한 경우였다.

3~5년 차에서 가장 낮은 만족도를 보이는 이유를 분석해 보자면, 회사에 대한 적응도 마쳤고 업무의 능숙도도 높아졌지만, 회사의 일하는 방식과 시스템에 대해 만족하지 못했기 때문일 것이다. 실제로 회사의 시스템 문제일 수 있다. 그러니 핵심 실무자급인 저 레벨에서는 시스템을 개선하고 발전시키는 제안과 기획을 해줘야 한다. 하지만 나름의 의견을 제시해도 반영되지 않거나, 못 알아듣는 경우 회사에 대한 만족도는 급격히 낮아질 수밖에 없고, 본격적으로 이직에 대해 고민하게 된다. 최근에는 저 시기가 더 빨라져서 입사하고 몇 달 이내에 이직을 생각하는 것 같다. 중고 신입이 하나의 스펙이 된 것은 이와 무관하지 않다고 본다.

그러던 시간이 지나고 5년 차를 지나며 만족도가 다시 반등하는 것은, 회사의 시스템적 한계에 대한 이해가 높아지고 적절성에 대한 검토가 어느 정도 마무리되는 단계라고 보아야 한다. 또 후배들이 입사하고 그들을 코칭하는 과정에서 상사의 관점과 회사의 입장을 이해하게 되는 것도 큰 변화의 모멘텀 이라고 할 수 있다. 점차 회사의 리더십으로 성장하는 관점을 갖게 되는 것이다.

나는 이것을 '357 퇴사 고민주기'라고 부른다. 3년 차 5년 차 7년 차에는 여지없이 퇴사에 대한 욕구가 솟아오른다. 대단한 이유가 있어서가 아니라, 자신의 성장과 회사의 미래를 대입해보는 시기이기 때문에 그렇다. 마치 사춘기가 그렇듯, 신기하게도 이 시점이 되면 생각이 복잡해지고 고민이 많아지는 것이 특징이다. 지금 이직을 준비하고 있다면, 혹시 이 시기인지 점검해 보기 바란다. 그리고 이 책을 통해서 이직 타이밍을 전략적으로 잡는데 도움받기를 바란다.

이직에는 더 고려해야 할 것들이 있다

직장생활의 핵심 요소 6가지 (참여 466명)

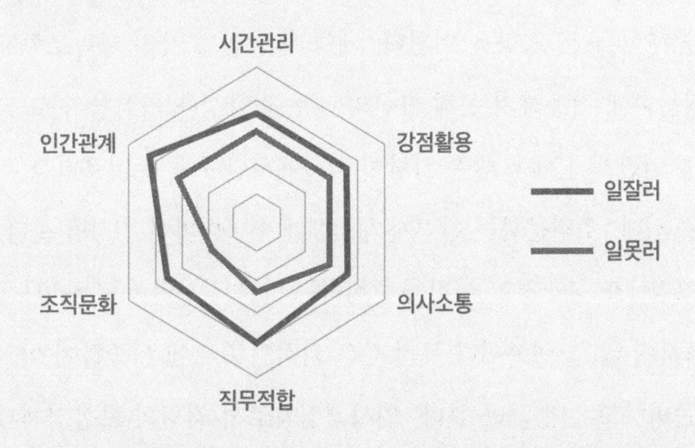

우리는 수만 명의 직장인들을 분석하며 직장생활의 핵심 요소를 6가지 항목으로 분류하였다. 오른쪽 분면에 위치한 시간 관리, 강점 활용, 의사소통은 개인적 차원의 요소이고, 직무 적합, 조직문화, 인간관계는 조직과 상호작용하는 요소이다. 각 항목을 진단하는 세부 항목들을 통해 일잘러와 일못러의 인식 차이를 분석하는 과정에서 재미있는 요소를 발견할 수 있었다. (진단을 희망한다면 '커리어 PT' 키트*를 추천한다.)

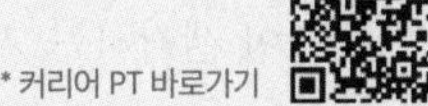
* 커리어 PT 바로가기

일잘러와 일못러 모두 개인적 차원의 요소에는 나름의 노력과 계획을 하고 일부 개선을 해낸다. 하지만, 상호 작용하는 요소인 조직환경 영역에서는 서로가 큰 차이를 보였다.

어디에서 일하는지는 우리에게 매우 중요하다. 환경은 우리의 퍼포먼스와 삶의 질에 큰 영향을 미친다. 모든 조직은 문화를 가지고 있고 조직문화는 일하는 프로세스와 기준, 목표와 결과물에 대한 해석에 큰 영향을 미친다. 재능과 강점을 가진 사람조차도 조직문화에 적응하지 못해 자신의 직무 적합성을 의심할 수도 있고, 대인관계가 매우 좋은 사람이 회사에서만 유독 트라우마를 겪을 수 있다. 조직문화는 이렇게 개인에게 어마어마한 영향을 준다.

그럼에도 불구하고 이직을 준비하는 많은 직장인이 조직 FIT을 고려하지 않고, 연봉이나 복지 같은 외적인 요소에 치중하여 이직을 준비하고 실행하곤 한다. 인사책임자로서 직원의 보상정책과 복지제도를 설계할 때 가장 고민했던 요소가 '직원의 만족도와 몰입도를 어떻게 균형 잡을 것인가?'였다. 수많은 연구뿐만 아니라 나의 경험도 같은 결론을 내었던 지점이 있는데, 보상(돈)이 주는 만족감은 매우 한시적이고 지속적이지 않다는 점이었다. 승진, 성과급 등을 통해서 보상을 높이는 것은 만족도를 높이고, 높은 만족도를 일에 대한 몰입으로 연결시켜 조직의 성과에 기여하게 만들기 위함이다. 그러나 경우에 따라 보상의 상승 폭과 평가 기준이 개인이 생각하는 기준과 맞지 않을 때, 역효과를 일으켜 불만 요소로 작용하는 경우도 있었다. 또 다른 케이스로, 회사 생활에 잔뜩 불만이었던 직원이 승진이나 성과급으로 잠시 기뻤지만, 수개월 내에 언제 그랬냐는 듯 다시 불평불만의 상황으로 돌아가는 모습을 보면서 보상은 결코 만족스러운 직장생활의 결론이 아님을 알 수 있었다.

사람은 생각보다 훨씬 복잡하고, 높은 차원의 것을 추구하고 갈구한다. 이 책에서 퇴직 사유를 중요한 챕터로 다루는 이유는 누구나 이 문제에 언젠가는 봉착하기 때문인데, 항상 끝을 생각하면 진실로 우리가 원하던 것이 무엇인지 조금 더 빨리 알아차릴 수 있다.

매슬로우 욕구 이론을 직장생활의 만족도 혹은 목적과 연결 지어 생각해 봄으로써, 합리적이고 이상적인 퇴직 사유와 직장생활의 목표에 대해 정리해 볼 예정이니 한 걸음씩 잘 따라오길 바란다.

우리가 항상 이직을 준비해야 하는 이유

이 책이 '이직 바이블'인 이유가 있다. 진실로 나는 모든 직장인은 이직을 준비해야 한다고 생각한다. 이른바 '대퇴사 시대'에 이를 부추기려는 의도가 아니라, 이것이 우리 모두에게 유익하기 때문이다. 이직을 준비함으로써, 우리는 세 가지의 유익을 얻을 수 있다. 다시 한번 강조하지만, 이직을 하라는 것이 아니라, 이직을 준비하라는 것이다. 언제든 떠날 수 있도록 말이다.

시장 경쟁력에 대해 생각하게 된다 : 이직은 반드시 나의 경쟁력에 집중하게 도와준다. 경력 기술서를 작성해 봄으로써, 나의 시장경쟁력을 점검할 수 있고, 지속적으로 성장하고 있는지 시각화할 수 있다. 경력 기술서는 이직을 위해 작성하기도 하지만, 진정한 의미의 자기 계발 자료로 활용할 수 있다. 정기적이고 지속적으로 내 직무 전문성이 어떻게 개발되고, 어떤 아웃풋을 내는지 점검하는 과정은 직장생활을 바라보는 다른 차원의 관점을 선사해 준다.

기회비용에 대해 따져보고 최선의 준비를 할 수 있다 : 많은 이들이 이직만 하면 불행하고 답답한 직장생활이 끝나고 관계와 보상, 결과물 면에서 완전히 새로운 시원함을 느낄 수 있을 것이라고 생각한다. 하지만 이것은 사막에서 만나는 신기루 혹은 존재하지 않는 파랑새나 유니콘을 찾아 헤매는 것에 불과하다. 이직은 나에게 맞는 환경이 무엇인지 찾아가는 과정에 불과하다. 집을 이사할 때에도 많은 것을 고민하고 검토한다. 수년간 준비하며, 구매와 전·월세 등 재정 전략을 개발한다. 그런데 이보다 인생에 큰 영향을 주고, 훨씬 큰 기회비용을 요구하는 이직에 대해서는 너무도 단순히 생각하는 경향이 짙다. 이직을 고민하고 생각하면서, 정말 나에게 중요한 가치는 무엇이고, 진정한 의미의 커리어 목표는 무엇인지 정리할 수 있다.

월급노예를 벗어날 수 있다 : 노예의 특징은 자신의 주관이 없다는 것이다. 주인이 하라는 것을 하고, 주는 밥을 먹고, 살라고 하는 곳에 산다. 하지만, 독립적인 인격체는 자신의 목적과 방향성에 맞는 선택을 할 수 있다. 자유인이기 때문이다. 회사에 다니는 이유가 단순히 월급뿐이라면, 금액의 크기와 상관없이 그는 월급 노예이다. 하지만, 이직이 준비되어 있는 사람은 가치와 의미에 더 집중할 수 있고, 이것이 맞지 않는 경우 언제든 떠날 수 있다. 이것은 삶에 대한 고찰이다. 당신은 무엇을 위해 사는가?

회사생활이 힘든 이유는 스스로의 상황에 함몰되기 때문이다. 행복은 언제나 상대적이기 때문에 기준점을 어디에 두는지, 그리고 지금 내 삶에서 무엇을 얻을 수 있는지를 따져보면 지나치게 불행한 상황을 벗어날 수 있다. 회사 생활이 힘들고 어려운 것은 사실이지만, 이 환경을 통해서 성장할 수 있고, 오늘 하루에 최선을 다할 때 다음 경력 기술서에 더 만족스러운 결과를 기술할 수 있다는 사실을 잊지 말자. 현실에 대한 새로운 시각을 부여해 줄 것이다.

이 책의 구성 및 활용법

이 책은 수많은 직장인을 연구하여 개발한 셀프 진단 체크리스트로 시작한다. 손에 펜을 들고 책을 읽어나가자. 즉시로 체크하면서, 점수를 매겨보고, 각 항목에 대한 설명을 나의 상황에 대입하며 진지하게 돌아보자.

특별히 경력 기술서와 퇴직 사유는 현재 재직/퇴직 여부와 상관없이 바로 작성해 보자. 이 두 가지 도구는 나의 관점을 잡아줄 뿐만 아니라, 경쟁력에 대한 기준점이 되어 줄 것이다. 처음에는 작성하기 힘들게 느껴질지도 모르겠다. 이를 돕기 위한 체크리스트와 좋은 예시들을 수록해 두었으니 참고하여 지속적으로 업데이트하기 바란다.

이 책은 '퇴사한 이형' 유튜브 채널과 함께 보는 것이 좋다. 책 중간에 수록한 고민살롱 사연은 모든 직장인들의 공통관심사와 고민거리를 중심으로 작성했다.

실제 면접을 앞두고 있다면, '면접바이블'과 함께 준비하기를 추천한다. 이직바이블은 커리어 시리즈의 3번째 책으로, '자소서바이블', '면접바이블'과 연결되어 있다는 점을 미리 밝혀둔다.

적어도 6개월에 한 번씩은 이 책을 활용하여 경력 기술서를 작성해 보기 바란다. 경력 기술서를 업데이트하기에 좋은가? 성과의 퀄리티와 규모는 확장할 만한가?라는 기준으로 회사를 바라보면, 이직 타이밍과 확신이 명확해질 수 있다.

이직 바이블과 함께라면, 이런 변화를 경험할 수 있을 것이다.

1. 연봉 상승보다 커리어 성장으로 관점이 바뀐다.
   커리어가 성장하면 연봉은 당연히 상승한다.
2. 이직을 목적으로 보지 않고, 수단으로 생각하게 된다.
3. 경력기술서를 이직할 때만이 아니라 평소에 관리하게 된다.
4. 퇴직사유가 곤란한 질문이 아니라, 나의 강점을 드러내는 순간이 된다.
5. 좋은 평판과 이전 직장에 대한 좋은 마음을 갖게 된다.

자 이제, 이직이라는 과정을 너무 추상적이거나 이상적으로만 바라보지 말고, 실제적으로 한 걸음씩 떼어보자. 마음의 여유를 가지고 한 챕터씩 정복해가는 과정에서 확신을 얻고 최적의 커리어에 대한 단초를 찾을 수 있을 것이라고 약속한다.

유튜브
면접왕 이형

유튜브
퇴사한 이형

체인지업
홈페이지

STEP 1

이직 준비 수준 체크하기

이직 준비 체크리스트

나는 유튜브를 통해 많은 직장인들을 만나게 되었고, 이들을 코칭하고 컨설팅하면서 직장인들의 공통적인 고민을 많이 마주할 수 있었다. 비슷한 고민을 가지고 있지만, 중요한 관점이 없어서 실수하거나 놓치는 경우가 있음을 발견하고 이직을 하기 전에 반드시 점검해야 하는 체크리스트를 만들어야겠다고 생각했다. 이직을 준비 중이라면, 다음 체크리스트를 활용하여 먼저 생각을 정리하고 중요한 관점을 점검해 보도록 하자.

- [ ] 나는 퇴사할 타이밍이 되었다고 확신한다.
- [ ] 경력기술서를 작성해 두었다.
- [ ] 시장에서 나름의 경쟁력을 갖추었다고 말할 수 있다.
- [ ] 이직할 회사에 당당히 말할 수 있는 퇴직 사유를 정리했다.
- [ ] 나의 경쟁력에 대해 레퍼런스 체크(평판조회)를 해 줄 동료/상사가 3~5명 있다.
- [ ] 도전해보고 싶은 분명한 프로젝트나 포지션이 있다.

위의 6가지 문항을 스스로 질문해보자. 망설임 없이 4문항 이상에 체크할 수 있다면 이직할 준비가 되어있다고 볼 수 있다. 반대로 망설이거나 4문항 이상 체크할 수 없다면, 이직 준비가 덜 되었다고 해도 과언이 아니다. 물론, 이러한 준비 없이도 이직은 얼마든지 할 수 있다. 다만, 스스로에 대한 점검과 미래를 향한 준비 없이 이직하게 된다면, 이직하자마자 퇴사를 고민하게 되거나, 오히려 이직을 후회할 수 있게 된다. 이직에 앞서, 성공적인 커리어 성장을 위해 가장 중요하게 보아야 할 요소들을 하나씩 깊이 들여다보며 이직 준비의 큰 틀을 잡아보자.

Checklist #1 퇴직 타이밍 - 인생은 타이밍이다.

이직은 반드시 퇴직이 선행되어야 한다. 이직을 준비하기 전에 먼저 퇴사를 준비해야 한다는 뜻이다. 퇴사에 대한 분명한 기준을 잡지 않으면 면접에서 퇴직 사유라는 복병을 만날 뿐 아니라, 시간을 낭비하고 인생을 돌아가는 방황의 기간에 처할 수 있다.

퇴사 충동은 사람의 시야를 좁게 만든다. 한번 퇴사 충동이 들면, 나의 개선점을 찾기보다 퇴사해야 하는 이유로 깊이 빠져들게 된다. 퇴사하는 이유를 찾게 되고, 그렇게 찾은 이유들은 밑도 끝도 없는 확신을 갖게 한다.

여기서 우리는 정말 신중해야 한다. 내가 인정하든 하지 않든 퇴직에는 분명한 타이밍이 있다. 인재 시장에서 통용되는 이직의 주기도 있고, 역량을 준비하는데 필요한 최소기간도 있다. 나는 퇴직 타이밍 체크리스트를 통해서 나의 위치를 정확하게 진단하고, 최고의 타이밍을 찾기 위한 가이드를 제공하고자 한다.

인생에는 때가 있다. 기다리며 참아야 할 때가 있고, 과감하게 선택하고 변화해야 할 때가 있다. 퇴사를 확신하며 이 책을 펼친 사람들도, 한 번 더 자신을 점검해보기를 바란다. 점검과정을 통해서 누가 어떻게 말해도 흔들리지 않는 자신만의 기준과 확신을 갖게 될 것이다. 하지만 점검 결과, 퇴사의 적기가 아니라는 판단이 든다면 잠시 퇴사를 미루고 이직을 준비해보자. 퇴사를 못 해도 이직을 위한 준비기간을 벌었으니 오히려 잘된 일이다. 후술한 체크리스트를 전부 점검해가며 준비된 이직을 경험하길 바란다.

Checklist #2 경력기술서 - 나를 진단하기 위한 도구

경력 기술서는 나의 경력을 글로 작성한 문서이다. 신입 시절에 작성했던 자기소개서나 이력서와는 완전히 다른 성격의 문서이다. 경력 기술서라는 단어에서 알 수 있듯이, 기술서는 경력자에게만 요구하는 서류이다.

경력자에게는 반드시 검증받아야 할 요소가 있다. 다양한 이직자들을 검토하면서 많은 사람들이 경력 기술서를 오해하고 있음을 알게 되었다. 경력 기술서를 자신의 히스토리 정도로 간주하는 오해이다. 경력 기술서는 이력서가 아니다. 경력 기술서는 경력 기술서만의 분명한 목적이 있다. 경력 기술서의 목적이 무엇일까? 그 목적은 다음과 같다.

1. 성과를 바라보는 인식

경력 기술서를 통해서 확인하고 싶은 정보는 '어떤 성과를 이루었는가?'이다. 모든 기업들은 프로를 원한다. 일을 잘할 사람을 찾지 단순히 시간을 때울 사람을 찾지 않는다. 모두에게 주어진 동일한 기간 동안 어떠한 성과를 냈는지 확인하기 위해서 경력 기술서를 제출하라는 점을 명확히 이해해야 한다. 이 말은 성과와 상관없는 설명과 과정은 과감히 생략해도 된다는 뜻도 된다.

2. 문서 작성 능력

기업은 의사소통으로 이루어진 집합체이다. 의사소통이 회사의 존재 이유라고 해도 과언이 아니다. 많은 직장인이 회사 내 의사소통에 대해 고민하는 이유는, 의사소통이 쉽지 않기 때문이다. 의사소통 방식 중에서도 문서로 소통하는 방법이 가장 어려운데, 짧은 글로 자기 생각과 관점을 객관적으로 표현해야 하기 때문이다. 따지고 보면, 위에서 언급한 성과도 나를 뽑아야 하는 이유를 가장 객관적인 형태로 작성하는 의사소통의 하나이다.

3. 경력의 일관성

고작 프로젝트 한두 개로는 온전한 역량을 갖추었다고 말할 수 없다. 역량은 관점과 경험, 여러 시행착오를 거쳐서 완성된다. 경력의 히스토리가 일관되어 있지 않고 널뛰기처럼 분산되어 있다면, 지원자가 업무에 적합하지 않다거나 역량을 갖출만한 시간과 경험이 부족했다는 해석이 가능하다. 모든 조직은 업무에 적합한 사람에게 일을 맡긴다. 일을 잘하는 사람에게 일이 몰리기 때문에, 경력의 일관성은 면접관들이 주시하는 요소 중 하나이다.

직무와 관련된 성과를 중심으로 경력 기술서를 작성하라. 그리고 성과의 크기를 쉽게 비교할 수 있도록 숫자 혹은 결과물로 표현하라. 이러한 작성법은 저절로 되지 않는다. 아주 의식적인 연습을 통해서만 체득할 수 있다. 다음 챕터에서 다루는 경력 기술서 작성 체크리스트를 따라 하나씩 작성해보자.

평소에 경력 기술서를 작성해 두는 게 좋다. 꼭 이직을 위해서 작성한다기보다, 나의 커리어를 진단하는 차원에서 작성해보자. 6개월에서 1년 정도의 주기를 정해두고 기간마다 경력 기술서를 작성하면, 내 커리어의 현주소를 금방 파악할 수 있다. 또 다른 이점으로, 나와 비슷한 연차 혹은 나와 유사한 케이스를 비교하기에도 용이해진다. 필자는 6개월에 한 번씩 경력 기술서를 업데이트해 보기를 추천한다.

경력 기술서는 체크리스트의 2번이다. 그만큼 중요하다는 뜻이다. 경력 기술서 없이는 다음 단계로 넘어갈 수 없고, 더 나은 커리어라는 말 자체가 성립되지 않는다. 모든 체크리스트를 점검하기에 앞서 에너지의 대부분을 경력 기술서에 쏟아붓기를 추천한다.

Checklist #3 시장경쟁력 - 프로의 관점을 갖는 법

단어 그대로, 경쟁력은 경쟁의 자리에서만 확인할 수 있다. 경쟁의 장에서 나의 탁월함은 숫자와 결과물로 수치화된다. 수치화된 숫자와 결과물로 시장의 요구를 얼마나 적중시켰는지를 입증한다면, 이보다 좋은 표현방식은 없을 것이다. 어떤 이들은 비교를 그치라고 말한다. 그들은 사람이 비교당하기 위해 태어난 게 아니라고 주장한다. 맞는 말이다. 지금 내가 하는 말은 사람을 비교하자는 게 아니라, 역량과 성과를 비교해보자는 말이다. 작은 물건을 구매할 때에도 우리는 다른 제품들과의 가성비를 따지곤 한다. 우리는 살아가면서 많은 것을 자주 비교한다는 뜻이다. 비교는 하나의 방법이다. 더 나은 선택을 위한 일종의 기술이다. 본인의 경쟁력을 설명하고자, 다른 경쟁자들의 성과와 나의 성과를 비교하는 방법은 매우 객관적이고 탁월한 방식이다. 비교가 싫다는 이유로, 자신의 역량을 비교하지 않는 사람은 우물 안 개구리로 전락할 수밖에 없다.

그렇다면 무엇을 비교해야 하는가? 어떤 성과를 냈는지와 성과의 크기이다. 시장에서는 직무별로 중요한 성과를 규정해 놓은 KPIKey Performance Indicator 지표가 있다. 많은 기업이 성과를 규정하기 위해 사용하고 있으며, 평가의 기초자료로 삼기도 한다. 때문에 우리도 KPI를 참고할 필요가 있다. 현재 근무 중인 회사에서 KPI

를 사용하지 않는다 하더라도, 이직할 회사에서는 KPI를 사용할 수도 있다. 또한 동종 업계, 동일 직무와 1:1로 비교하기에도 KPI를 사용하는 게 편리하다. 어떤 목표에 도전해야 할지를 알려주는 좋은 이정표가 되어 줄 것이다.

Checklist #4 퇴직 사유 - 이직에 확신을 갖는 방법

퇴직 사유가 중요함은 아무리 강조해도 지나치지 않다. 그만큼 많은 기업들이 면밀히 검토하는 내용이라는 뜻이다. 지원자는 잘 모를 수 있지만, 회사는 채용프로세스에 엄청난 에너지를 쏟아붓는다. 물론 그렇지 않은 기업도 있을 수 있지만 그런 기업은 회사 차원에서 프로세스에 신경을 덜 쓴다기보다는, 인사팀의 역량 부족인 경우가 많다.

일반적으로 회사는 채용을 통해 비어있는 역량을 채우고, 새로운 성장의 동력을 얻기 때문에 최대한 많은 지원자를 모집하고 신중하게 그들을 검토한다. 요즈음을 흔히 '대퇴사의 시대', '조용한 퇴사'의 시대'라고 말한다. 그만큼 많은 사람들이 퇴사하는 시대이기 때문에 기업에서는 신입사원의 퇴사 가능성을 고려하지 않을 수 없다. '누군가 퇴사해도 새로운 사람을 채용하면 그만 아닌가?'라고 생각할 수 있지만, 기업 입장에서 퇴사자는 그리 간단한 문제가 아니다. 포지션에 공백이 생기고 새로운 채용을 위해 인사팀이 동일한 업무를 반복적으로 수행해야 한다. 면접관을 섭외하는 일부터 연봉계약, 업무공간 세팅 등 굉장한 수고와 에너지가 소모된다.

새로운 사람을 채용하더라도, 업무를 처음부터 다시 알려주어야 한다. 경력자라 하더라도 일하는 방식과 기준을 익히고, 프로세스에 적응해야 되기 때문에 누군가는 이들에게 에너지를 써야만 한다. 이 모든 과정은 누군가 퇴사하지 않았다면 발생하지 않았을 일이었다. 그래서 기업에서는 퇴직 사유를 매우 중요하게 본다. 새로운 사람을 채용하는 데에 드는 소모를 반복하지 않기 위해서 반드시 점검할 수밖에 없다.

퇴직 사유를 통해서 기업이 점검하려는 사안은 분명하다.

1. 직무에 부적절한 사람인가?

주니어 레벨에서 가장 따져보는 사유이다. 처음 회사에 입사하면 당연히 일이 잘 맞지 않다고 느낄 수 있다. 익숙하지 않은 업무와 용어, 관계 등이 회사 적응에 장애물로 작용하기 때문이다. 만약 이 적응 시기를 버티지 못하고 이직했다면, 우리 회사에서도 적응하지 못하고 금방 퇴사할 수 있다고 간주할만하다. 이것은 업무 역량의 문제이기도 하지만, 일을 대하는 태도와 관점의 문제이기도 하기 때문이다.

2. 업무적인 사고로 퇴사한 사람은 아닌가?

퇴사 사유가 사람마다 다르고 복잡할 수 있지만, 가장 피하고 싶은 경력자는 업무적인 사고로 퇴사한 경우이다. 회사생활을 하다 보면 업무적으로 크고 작은 사고들을 치게 된다. 그런데 작은 실수들의 반복으로 퇴사하게 되었다면, 회사가 지원자를 실력자로 보기 힘들어진다. 실수가 잦은 유형은 대부분 어떤 일을 할 때 안 되는 이유는 알지만, 되는 이유는 모르는 경우이다. 면접을 많이 주관하면서 알게 된 사실이 있는데, 사고 치고 퇴사한 사람들은 먼저 퇴직 사유를 이야기하지 않는다는 것이다. 그들은 퇴직 사유를 확인하는 과정에서 얼떨결에 경위를 밝혔다. 면접이 이렇게 흘러가게 되면 심각한 경우, 지원자를 신뢰할 수 없는 지경에 이르게 된다. 단순히 퇴직 사유 문제가 아니라, 지금까지 지원자가 이야기했던 모든 것을 불신할 수 있기 때문에 각별히 주의해야 한다.

3. 퇴사를 습관적으로 하는 사람은 아닌가?

처음 퇴사를 결정할 때에는 매우 신중할 수 있다. 하지만 한번 퇴사한 사람이 두 번 세 번 퇴사하는 일은 그다지 신중하지 않아도 할 수 있는 일이다. 그러다 보니 이직자 중에 마치 철새처럼 자주 둥지를 옮기는 사람들도 있다. 물론 실력 있는 프로라면 전혀 문제 되지 않겠지만, 대부분의 사람에게는 적응 기간이 필요하고, 성과를 내기까지 시간이 소요된다. 최소한의 시간도 버티지 못한다면 성과를 기대할 수 없을 뿐 아니라, 회사에 대한 잘못된 인식을 안고 퇴사할 수 있다.

Checklist #5 레퍼런스 체크 (평판조회) - 내가 누군지 아는 방법

사람들이 물건을 구매할 때 가장 중요하게 따지는 요소가 있다. 가격도 아니고 스펙도 아니다. 바로 별점과 후기이다. 채용시장에서의 별점과 후기가 바로 레퍼런스 체크(평판조회)이다. 지원자와 함께 일했던 동료들의 후기를 점검하면서 지원자가 어떤 사람인지 확인하는 방법이다. 어떤 사람들은 뒷조사라고 생각해서 불쾌해하기도 한다. 사람마다 생각이 다르겠지만, 나의 경험상 회사가 인재 채용에 진심일수록 레퍼런스 체크에 심혈을 기울였다. 회사가 지원자를 믿지 못해서 레퍼런스 체크를 한다기보다 지원자를 더 정확히 알고 더 올바른 채용을 하기 위해서 레퍼런스 체크를 진행했다는 뜻이다. 물건은 잘못 사면 반품하거나, 사용하지 않을 수 있다. 하지만 인재는 반품이 불가능할 뿐만 아니라 사용하지 않으면 최악의 상황을 몰고 온다. 그래서 채용 전에 충분히 고민하고, 지원자의 최고 위치가 우리 회사가 맞는지 따져보는 과정이 서로에게 중요하다.

레퍼런스 체크를 시행할 때마다 느끼는 사실이지만, 레퍼런스 체크는 인생을 돌아보는 하나의 방법이 되기도 한다. 나름 열심히 살아온 것 같고 많은 사람들에게 도움을 주고자 하였으나, 그것이 실제로 어떻게 이행되었는지를 레퍼런스 체크를 통해 금방 확인하게 된다.

퇴사를 고려하지 않더라도, 지금 함께 일하는 동료가 향후 나를 평가하게 됨을 인식한다면, 인식 전과는 전혀 다른 관계를 맺게 된다. 이는 레퍼런스 체크를 준비하는 과정에서 얻는 부가적인 유익이다.

레퍼런스 체크에서는 크게 세 가지를 검증한다.

1. 지원자가 스스로 작성한 성과에 대한 검증

요즘 자기소개서에 남의 이야기를 붙여 넣는 경우가 있다. 이런 경우가 오죽 많았으면 '자소설'이라는 신조어까지 생겼을까? 자소설까지는 아니더라도, 성과를 부풀리고 과장하는 경우도 적지 않다. 자신의 경쟁력을 말할 때 어느 정도 과장이 있기 마련이지만, 거짓말에까지 이르면 곤란해진다. 간혹 의도치 않게 없는 이야기를 지어내거나 과장하는 경우가 있는데, 이런 경우 회사에 입사한 후에도 거짓말을 할 수 있기 때문에 주의할 필요가 있다.

2. 동료들과의 관계성에 대한 검증

회사는 사람들이 모여서 일하는 곳이다. 그러다 보니 의사소통과 관계성이 매우 중요하다. 코로나 이전에는 다 같이 술을 마시거나 함께 운동하는 등, 다양한 활동들로 친목을 도모하고 관계를 돈독히 할 수 있었다. 그러나 코로나를 경험하고 세대가 바뀌면서 더 이상 전통적인 방법의 관계 형성은 효과적이지 않을뿐더러 부정적인 평가를 받곤 한다. 요즈음에는 맡은 일을 잘하고 책임을 완수하는 게 사내 인간관계의 핵심 요소로 자리 잡았다. 그러나 레퍼런스 체크를 통해서 점검하려는 사항은 결국 책임감과 의사소통에 대한 기술이다. '다시 그 사람과 일하고 싶은가?' '새로운 팀을 꾸린다면 그 사람을 몇 번째로 채용하겠는가?' 이 같은 질문에 망설임 없이 yes라고 이야기할 수 있는 사람이 진짜 책임감 있고, 좋은 관계를 형성한 사람 아닐까?

3. 이전 직장에서의 사고 이력

직장 생활을 하다 보면 비상식적인 생각과 관점을 가진 사람들을 만나게 된다. 불법적이고 비윤리적인 사건 사고를 일삼는 사람도 있다. 단순 이력만으로는 지원자의 그림자를 확인하기 어렵다. 회사는 팀워크가 기본조건이기 때문에, 비상식적인 사람이 들어

왔을 때의 파급력은 실로 어마어마하다. 레퍼런스 체크를 통해서 이런 그늘까지 세심히 파악하는 행위는 지원자를 정확히 파악할 뿐 아니라, 함께 일하는 내부 구성원들을 배려하는 프로세스이다.

체크리스트 5번은 나의 커리어 히스토리 뿐 아니라, 인간관계에 대해 깊이 생각해보는 계기가 될 것이다.

Checklist #6 이직의 목적과 목표 - 후회하지 않을 기준

앞서 강조했듯, 이직은 수단이지 목적이 아니다. 단순히 이전에 다니던 회사가 싫다는 이유로 이직해버리면 똑같은 어려움을 반복할 수 있다. 모든 선택에는 위험 요소가 있다. 하지만 분명한 목적과 목표를 가지고 내린 선택은 다르다. 원하는 목표를 달성하지 못하거나 예기치 않은 모습이 된다고 하더라도, 그 자체를 하나의 성장 과정으로 승화시킬 수 있다. 우리에게 필요한 것은 확신이다. 그리고 확신은 분명한 기준에서 나온다. 커리어를 쌓는 데에 흔들리지 않는 기준선이 바로 성장이다. 성장하는 사람만이 높은 연봉을 받고 좋은 기회를 선점한다. 성장하기 위해서는 더욱 다양한 경험을 쌓고, 문제를 바라보는 나만의 관점이 있어야만 한다. 이것은 의식적인 학습과 도전을 통해서만 얻을 수 있다. 한 분야에서 오랜 시간 동안 전문성을 쌓은 사람을 전문가라고 부르지만, 오랫동안 일한 사람 모두를 전문가라고 말하지 않는 이유가 바로 이것이다. 이직을 통해서 새로운 경험과 다양한 도전을 할 수 있는지를 따져 보아야 한다. 단순히 더 높은 연봉을 위해서, 또는 더 나은 처우를 위해서 이직하는 것은 성장과는 전혀 별개의 문제일 뿐만 아니라, 성장과 아무 상관이 없을 수 있다고 강조하고 싶다. 체크리스트 6번을 활용하여 성장을 향한 기준이 어떤 것이 되어야 하는지 알아보자.

STEP2

성공적인 이직을 위한 이직 플랜 만들기

이직의 유형 3가지

성공적인 이직이란?

많은 사람이 이직을 성장의 수단으로 생각한다. 하지만 일반적인 생각대로 이직만 하면 과연 성장할 수 있을까? 대다수 사람들은 잦은 이직을 하나의 스펙으로 생각하기도 한다. 수월하게 다른 회사로 이리저리 이동하니 신기해하기도 하고 부러워하기도 한다.

이직은 현재 재직 중인 곳에 만족하지 못해서 일어나는 현상이다. 그러나 성장과 커리어라는 관점으로 이직을 바라보면, 이직을 2가지로 구분하게 된다. 성장하는 이직과 그렇지 못한 이직이다.

10년을 떠돌이로 사는 사람들이 있다. 그들은 비슷한 레벨의 이직으로 수평 이동만 한다. 이런 이직의 특징이 있다. 좋은 근무 환경을 제공받고 연봉이 다소 인상되더라도, 실제적인 영향력이나 업무 난이도가 높아지기 힘들다는 점이다. 누군가는 업무 난이도가 낮을수록 좋다고 생각할 수 있다. 그러나 쉬운 난이도에 갇히면 성장할 수 없다. 초등학생이 아무리 공부를 잘해봤자 초등학생 수준에 불과하다. 초등학생과 박사는 문제해결 능력 자체가 다르다. '더 어려운 문제를 풀 수 있는가?' 이 단순한 질문이 커리어에도 동일하게 적용된다. 어떤 사람은 단순 행정업무를 처리하거나 프로세스를 다루는 데에서 성장이 그치지만, 다른 사람은 심도 깊은 문제를 해결하고 더 많은 인력을 조직화해서 더 큰 성과를 달성하는 데까지 성장한다. 아무나 어려운 일을 해결할 수는 없다. 더 복잡하고 큰 문제를 해결하는 능력이 커리어의 중요한 요소가 되는 이유이다.

누구나 할 수 있는 일을 해놓고 경쟁력을 갖추었다고 말할 수 없다. 누구나 할 수 있는 일을 하면서 높은 연봉과 좋은 대우를 받을 수 없다는 뜻이다. 남들이 하기 싫어하는 업무, 혹은 할 수 없는 일들을 능수능란하게 다루고, 나만의 솔루션을 가진 사람이 그 몫을 차지할 권리가 있다. 우리는 그런 사람들을 전문가라고 지칭한다. 이번 챕터에서는 성장하는 이직을 위해, 이직의 3가지 유형과 각 유형에 따른 체크포인트에 대해서 알아보겠다.

이직유형 #1 수평 이동

수평 이동은 현재 담당 중인 직무와 비슷한 레벨, 비슷한 규모, 비슷한 난이도의 직무로 이동하는 것을 지칭한다. 이직으로 처우가 개선되기는 하지만, 실제로 크게 달라지는 것은 없다. 많은 직장인들은 수평 이동으로 더 큰 기업에 이직하고 싶어 한다. 기업 입장에서도 수평 이동으로 인재를 영입하는 방식을 가장 편하게 여긴다. 새로운 이직자와 재직자 간의 비교평가가 용이하고, 지원자의 업무 성과나 일하는 방식에 대해 예측할 수 있는 범위가 넓기 때문이다.

규모의 확장이 일어날 때, 수평 이동은 유의미한 전략이 된다. 중소기업에서 근무하다가 중견기업 혹은 대기업으로 이직하는 경우가 그렇다. 누가 보아도 성공적인 이직처럼 보인다. 그렇기 때문에 많은 직장인들이 수평 이동을 이직의 모든 것으로 생각한다. 그러나 우리가 놓치지 말아야 할 체크포인트가 있다. 바로 수평 이동의 횟수와 타이밍이다. 직장의 규모가 바뀌기 때문에 연봉과 처우가 개선되지만, 이는 단기적인 사안들이다. 그렇기 때문에, 규모의 전환을 위해 전략적으로 1회만 수평 이동하기를 권장한다. 수평 이동을 했다면 다음에는 반드시 수직 상승을 이루어야 한다. 수직 상승은 회사 적응과 직무역량을 모두 발휘해야만 가능하다. 수평 이동을 2번, 3번 연이어서 한다면 수직 상승을 준비할 경험이나 역량을 쌓을 시간이 부족해져서 같은 레벨에만 머물게 된다. 그 결과, 수평 이동이 반복될수록 커리어에는 일종의 공백기와 같은 기간이 늘어나게 된다.

이해를 돕기 위해 대리 직급으로 설명해보겠다. 중소기업 대리 4년 차가 중견기업 대리 2년 차로 이직했다고 가정해보자. 중견기업에서 약 2년 정도 근무하다가, 업무에 염증을 느끼고 더 큰 성장을 이루고자 대기업 이직에 도전한다면 대리 4년 차 시점이다. 이직하는 기업의 규모가 커지면서 자신의 커리어를 감하는 경우가 있기 때문에, 이직에 성공한다면 대리 3년 차 정도로 이직할 확률이 높다. 물론, 이것도 근무 기간동안 훌륭한 성과를 내서 경력 기술서를 완성도 높게 만든 경우의 이야기이다. 일반적으로 예시처럼 이직이 잘 되는 경우는 많지 않다. 어쨌든 대리 3년 차로 대기업에 입사했다고 치자. 이 사람의 실제 총 경력은 6년이지만 그가 인정받는 경력은 3년이다. 평균적으로 5년 만에 과장으로 승진한다고 한다면, 이 사람은 2년을 더 근무해야 승진할 수 있다. 그렇게 되면 이 사람의 실제 총 경력은 8년이 되어야 과장급 승진에 도전하게 된다. 그런데 여기서 또 하나의 문제가 발생한다. 우리가 회사를 가성비의 관점으로 바라보듯이, 회사도 직원을 가성비의 관점에서 바라본다는 것이다. 불편하게 들릴 수 있겠지만, 이것이 현실이다. 회사에서 승진 심사를 볼 때, 나를 포함한 심사 대상자들을 어떤 기준으로 비교할까? 나이나 실제 총 경력, 이직의 횟수 등은 승진 대상자를 결정할 때 반드시 검토되는 요소이다. 시간이 흐른다고 승진하는 것이 아니다. 승진은 회사의 리더로 성장시키기 위한 인사정책이기 때문에, 누군가를 채용하는 만큼의 에너지를 들여서 결정하는 과정임을 기억하자.

정리하면, 전략적인 수평 이동은 좋고 필요하지만, 수평 이동을 했다면 다음에는 반드시 상승 이동으로 이직해야 한다. 앞선 예시처럼 중견기업으로 이직한 뒤, 그곳에서 레벨을 올리고 다시 수평 이동으로 대기업으로 가는 계단식 성장이 안전해 보일 수 있다. 그러나 수평 이동만 계속하다 보면, 승진 시점에 불이익을 겪을 수 있고, 조직 내부의 코어 멤버가 되는 데에도 어려움을 겪을 수 있기 때문에 곧잘 부적응으로 이어지기도 한다는 점을 명심하자.

이직유형 #2 상승 이동

수평 이동이 같은 레벨에서 회사만 바꾸는 이동이라면, 상승 이동은 레벨을 높이는 이동이다. 내가 속한 조직이 승진 적체 상태이거나, 특별한 사연으로 승진할 수 없는 환경이라면 상승 이동에 도전해야 한다. 예를 들어 대리 7년 차 같이 승진 타이밍을 놓쳤으나, 역량이 꽉 찬 경우에 과장급으로 이동하는 것이다. 단, 상승 이동은 규모가 작은 기업으로 이동하는 경우가 많다. 보통 승진 적체가 중견기업 이상의 대기업에서 발생하고, 규모가 작은 회사일수록 큰 조직에서의 경험과 기술력을 필요로하기 때문에 승진 이직을 허용하는 경우가 많다.

비슷한 레벨의 기업으로 상승 이동 하는 경우는 거의 없다. 아주 독특한 커리어와 역량을 가지고 있지 않는 한, 회사 내에 비슷한 인재들이 즐비하기 때문이다. 자신의 커리어 레벨이 낮지만 더 많은 영향력을 펼치고 싶다면, 몸 담은 조직에 머무르지 말고 상승 이동으로 새롭게 도전해보자. 승진 대상자가 되지 못하는 현실은, 어쩌면 조직 내에서 인정받지 못한다는 뜻이고, 승진 누락이 반복되고 지속되면 패배감에 삶이 짓눌려 당신에게도 좋지 않다. 심각한 지경은 패배감이 익숙해지는 단계인데, 이때가 바로 꼰대가 되는 타이밍이다. 패배감과 실패에 익숙해지는 것은 언제나 최악이다. 생명체는 언제나 살아 움직이고, 변화한다. 성장하거나 성숙해져야지 부동(不動)에 익숙해진 상태는 미이라와 다를 것이 없다.

또 다른 상승 이동의 타이밍은, 큰 기회를 포착했을 때이다. 대표적인 예시가 스타트업으로 이직하는 경우이다. 중견기업이나 대기업에서 신생 스타트업으로 전환된 커리어는 아주 독특하다. 회사가 어느 정도 성공궤도에 오른다면, 당신의 커리어는 굉장히 독보적인 커리어로 도약하게 된다. 요즈음에는 대기업조차 성장의 모멘텀을 찾기 위해 작더라도 성장하는 스타트업을 연구한다. 성장하는 기업의 일하는 방식과 인사제도, 기술과 속도를 배우기 위해 많은 기업들이 부단히 노력하고 있다. 역량이 준비되었다면 느리고 보수적인 기업에 머물기보다 빠르고 변화하는 기업으로 상승 이동 해보라. 책임직을 맡아 도전한 후, 다시 큰 기업으로 이직하는 것도 커리어 성장에 역동성을 불어넣는 매우 좋은 방법이 될 수 있다.

이직유형 #3 전환 이동

전환 이동은 직무나 산업을 변경하는 이직이다. 보통 3년 차 이내에서 쉽게 이루어진다. 연차가 있더라도 신생 사업 혹은 신생 산업으로 전환 이동하는 경우는 많이 있으니 실망할 필요는 없다. 예를 들어 전통적인 은행에서 업무를 보다가 FinTech 회사로 이동하여 새로운 커리어를 시작하는 경우나, 건설회사에서 부동산 팀으로 근무하다가 부동산 중개 앱 회사에서 근무하는 경우이다. 두 예시 다 신생 사업(산업)으로 이동한 경우인데, 자신의 전문성에 기반한 IT 영역으로 이동한 케이스이다.

전환 이동의 핵심은 기존의 직무 경험이 자신과 맞지 않다거나 새로운 기술을 접목하기 위함으로, 분명한 목적 아래에서 커리어의 물줄기를 바꾸는 것이다. 아무 이유 없이, 단순히 좋아보이거나 트렌드이기 때문에 전환 이동을 감행하는 것은 절대 주의해야 한다. 트렌드와 기술에는 순환 주기가 있어서, 한 때 유행했던 것들이 꺼지기도 하고, 전혀 주목받지 못했던 직무가 갑자기 급부상하는 경우가 있다. 우리는 이런 변화 주기에 얽매이지 않고, 전문성을 키우기 위한 나만의 길을 걸어야 한다. 그래야 장기적인 안목을 가질 수 있다.

최근 코딩 열풍과 함께 개발자의 몸값이 천정부지로 치솟고 있지만, 나는 그 버블이 거의 끝단계에 이르렀다고 생각한다. 이전에도 이와 유사하게 몸값이 치솟던 직무들이 매우 많았다. 하지만 지금은 그 직업의 이름조차 찾아볼 수 없는 경우가 많다. 더군다나 코딩업무의 대다수는 시스템과 프로그램으로 대체될 수 있다는 위험이 있다.

유행은 바뀌기 때문에 유행이다. 나의 강점과 경력의 연속성을 무시해도 될 만큼 강력한 것이 아니라는 뜻이다. 곧 꺼질 파도에 편승하기보다, 우리의 강점을 개발할 수 있는 전문성을 확보하기 위해서 노력해야 한다.

어떤 직무 전환은 커리어 성장에 매우 도움이 되기도 한다. 바로 인접 직무로 이동할 때이다. 마케팅과 영업, 생산과 디자인, 기획과 설계처럼 모든 직무에는 맞닿아 있는 인접 직무가 있다. 나의 메인 직무를 중심으로, 인접한 직무로 커리어를 확장하면, 상위 레벨로 올랐을 때 엄청난 파워를 발휘하게 된다. 나 역시 인사 커리어를 채용으로 시작했지만, 이내 교육팀장과 사업부 인사팀장, 제도 책임자를 경험하면서 인사라는 직무에 대한 관점이 확장되었다. 거기에 기획실장을 겸직하면서, 사업의 큰 그림에 대한 높은 이해를 가질 수 있게 되었다. 내가 CEO들과 수월하게 대화할 수 있는 이유는, 인사를 단순히 행정이나 제도적인 전문성으로 다루지 않고, 사업의 성장과 경쟁력 확보, 영업이라는 측면에서 바라보는 관점이 있기 때문이다. 인접 직무로의 전환 이동은 가급적 재직 중인 회사 내에서 시도하기를 추천한다. 동일한 회사에서 인접 직무를 경험한 후에, 보다 적합한 직무를 찾아 회사를 옮겨도 문제가 없다. 더군다나 같은 회사에서 전환 이동을 한다면 필살기라고 할 수 있는 성공 경험을 만들 기회도 생기기 때문이다.

이직할 기업을 찾는 기준

지금까지 이직의 3가지 전략에 대해서 알아보았다. 지금부터는 구체적으로 지원해야 할 기업에 대해 알아보자.

코로나와 4차 산업혁명으로 인한 산업변화의 속도가 엄청나다. 급변하는 시기에 절대 놓쳐서는 안 되는 몇 가지 포인트들이 있다. 단순히 이직 자체를 목표로 삼으면, 이러한 중요 점검 사항들을 무시하게 된다. 또는 한두 요소에 매몰되어 균형을 잃은 채로 의사결정 내릴 수도 있다. 때문에, 중요 요소를 더욱 면밀히 따져보아야 한다.

성장률 : 신생기업이 아니라고 하더라도 지금 같은 경제 위기의 시기에는 규모보다 성장성이 훨씬 중요하다. 성장하는 기업만 가지고 있는 DNA와 문화가 있다. 도전하는 문화, 더 나은 성과를 위한 유연한 사고 등이 그렇다. 안전하고 커 보여도 지속적으로 추락하는 기업은, 문화 자체가 매우 보수적이거나 새로운 액션을 받아들이지 못하고 있는 확률이 높다.

여기서 말하는 성장은 매출과 수익의 향상을 뜻한다. 특별히 불황이라면 매출과 수익의 동반성장이 더욱 중요하다. 매출은 사내 분위기를 반영하고 수익은 보상의 규모를 대변한다. 물론 회사의 수익이 보상으로 직결되지 않기도 하지만, 일반적으로 수익성이 탄탄할수록 성과 공유에 적극적이고, 새로운 투자계획을 짤 수 있다. 최근 투자로 연명하던 스타트업들이 돈줄이 마르면서 부도에 처하거나 헐값에 매각되는 사례가 발생하고 있다. 또 수익성을 전제하지 못한 채 IPO를 하려고 시도하다가 모든 노력들이 물거품처럼 사라지는 경우들도 있다. 이러한 실패의 근본적인 원인은 바로 수익성이 없다는 것이다. 매출 증가가 없다면 시장성을 확보하지 못했다는 뜻이고, 수익성의 증가가 없다면 경영진의 경영 능력에 의문을 가져야 한다.

최대한 매출과 수익이 동반성장 하는 기업으로 이직하자. 대기업이라고 모든 것이 좋다고 말할 수 있는 시대는 지났다. 나만의 기준을 가지고 성장하는 기업에서 성장 마인드를 배우는 것이 장기적인 관점에서 가장 좋다.

기준 #1 고객의 지지도

매출이나 수익이 당장 뚜렷이 성장하지 않더라도, 고객의 강력한 지지가 있다면 장기적인 관점에서 매우 좋은 신호라고 볼 수 있다. 강력한 지지를 보내는 충성 고객들은 회사의 탄탄한 자산이 되고, 그들을 통해서 자발적인 마케팅 활동과 바이럴이 일어나기 때문이다. 고객들의 강력한 지지는 장기적으로 실패할 수 없는 비즈니스 플랜(Business plan)을 세우게 만든다. 이런 환경이라면 상품으로 매출을 성장시키고 경영을 통해 수익화를 달성해낼 수 있다.

고객의 지지도를 확인하는 방법은 매우 간단하다. 온라인상에 떠도는 리뷰를 확인하는 법이다. 커뮤니티에서 기업의 대표상품 혹은 서비스에 대해 어떤 코멘트가 달렸고 어떤 반응이 지배적인지 체크하면 된다. 회사가 제공하는 모든 것은 비판받을 수 있다. 하지만 그들의 비난이 충분히 개선 가능한 사안이고, 기업이 개선하려는 의지와 노력을 쏟는다면 시간은 걸리겠지만 분명히 문제를 해결할 수 있다. 악플이 많은 것도 일종의 관심이고, 기업이 잘 대처한다면 오히려 충성 고객들을 확보할 좋은 기회가 되기도 한다. 이직하려는 기업이 고객들과 어떻게 소통하고 어떤 조치를 취하는지 살펴보자. 최악은 아무런 소통도 없고 아무런 변화도 하지 않는 것이다. 고객 없이 성장할 수 있는 기업은 존재하지 않는다.

기준 #2 이익률

성장률과 함께 확인해야 하는 것이 이익률인데, 성장률은 1년 전 기업의 모습을 비교 대상으로 삼는다. 하지만 이익률의 비교 대상은 동종업계의 다른 기업이다. 이익률은 구조에서 나오기 때문에 기업의 경쟁력을 판단할 수 있는 지표로 삼을 수 있다. 저원가 구조로 설계되어 있거나 운영방식 자체가 단순하게 구성되어 있을 때, 중간 과정 없이 다이렉트로 판매할 때, 특허 기술이나 브랜드 같은 원천경쟁력을 확보했을 때 높은 이익률이 나타난다. 보통 이익률이 높은 회사는 불황에도 강하고, 쉽게 망하지 않는다. '좋은 회사인가?'라는 질문에 명확하게 '그렇다'고 답할 순 없어도, 적어도 '쉽게 망할 회사냐'는 질문에는 '그렇지 않다'고 답할 수 있다. 오히려 잠재력이 있는 회사라고 당당히 소개할 수 있다.

지원하려는 여러 기업들의 이익률을 간단히 계산해보자. 취업포털에서는 수많은 정보를 접할 수 있는데, 특별히 회사의 매출 추이와 수익 추이까지도 확인할 수 있다. 물론 공시자료같이 정확한 정보라고 볼 수는 없지만, 포털에서 제공하는 내용만으로도 충분히 회사의 성장률과 이익률을 유추해 볼 수 있다. 성장률과 이익률 둘 다 중요하지만, 둘 중 하나만을 고르자면 불황의 시기에는 이익률을, 성장의 시기에는 성장률을 선택하라고 조언하고 싶다. 잘 성장했던 회사들이 현금 유동성이 막혀 부도를 맞는 경우들을 심심치 않게 볼 수 있기 때문이다.

이익률은 매우 중요한 요소이다. 경력자라면 당연히 업계의 평균수익률과 우리 회사의 수익률을 숙지하고 있어야 하고, 경쟁사 중에서 월등한 이익률을 가진 회사의 구조를 분석할 수 있어야 한다. 이 과정을 통하면 나만의 이직기준을 갖게 되고, 내가 가고자 하는 기업에 확신하게 된다.

기준 #3 업계평판

지금까지 했던 이야기들은 다소 정량적이어서 데이터로 확인할 수 있는 사안들이다. 이와 동시에 중요하게 봐야 하는 것이 정성적인 평판이다. 회사에서 이직자들의 레퍼런스를 체크하듯이, 우리도 기업에 대한 평판을 확보하는 것이 좋다. 가장 좋은 방법은 현직자들과의 네트워크를 통해서 실제적인 이야기를 들어보는 것인데, 현직자들이 회사에 매우 만족하고 다니는 경우가 드물기 때문에 객관적인 진단이 어려울 수 있다. 객관성을 확보하기 위해 두 가지 포인트(기준 4, 5)를 기준점 삼아 조사해보기를 권장한다.

최근에는 앱을 통한 현직자와의 소통 방법이 많이 등장하고 있다. 물론 기업 리뷰 사이트를 참고하는 편이 간편하고 쉬울 수 있지만, 기업에 불만족하는 이들이 자신의 불평을 강조하려는 경향이 나타나기 때문에 다소 정보가 왜곡될 수 있다. 기업 리뷰에 모든 직원들이 참여한다면 신뢰도가 꽤 높다고 할 수 있겠으나, 직원들이 실제로 리뷰사이트에 기업을 평가하는 경우가 그리 많지 않기에 해석에 주의를 요한다. 그래서 에너지가 들고, 번거롭더라도 현직자들에게 실제적인 이야기를 들어보는 것을 제안한다.

기준 #4 평균 근속연수

정확한 근속연수는 인사팀만 알고 있다. 그러나 여기서는 현직자가 느끼는 체감 평균 근속연수가 중요하다. 채용공고문이 올라오면, 공고의 주기로 체감 근속연수를 유추할 수 있다. 하지만 공고문을 보지 않고, 소개나 헤드헌터를 통해 채용된 경우 체감 근속연수를 파악하기 힘들다.

적절한 근속연수를 규정하기가 쉽지 않지만, 지나치게 퇴사자가 많고 업무가 연속되지 않을 정도라면, 분명 일하는 방식이나 회사에 문제가 있다고 할 수 있다. 특정 사업이나 프로젝트로 인해 근속기간이 일시적으로 짧아질 수 있지만, 조직에 전반적으로 퇴사자가 많다면, 회사 역시 개선의 의지가 없는 경우이므로 이직에 주의를 요한다. 대기업이라고 이런 경우가 없는 것이 아니다. 대기업에도 특정 계열사 혹은 특정사업부를 중심으로 잦은 선수교체가 진행되는 경우가 많기 때문에 겉모습만 보지 말고, 실제적인 생활에 대해서도 체크해야 한다.

기준 #5 기회 부여 가능성

회사가 보수적인지 진보적인지를 알 수 있는 가장 좋은 기준이 바로 인사이다. 젊은 연차에게 어떤 기회를 부여하는지, 조직의 변화와 인재 이동이 얼마나 자유로운지가 중요한 기준점이 되어준다. 산업과 사업의 환경은 엄청난 속도로 바뀌는데, 조직의 형태나 일하는 방식이 바뀌지 않다면 아주 높은 확률로 시대에 뒤떨어지게 된다. 대기업의 경우, 당장 그 여파가 나타나지 않을 수 있으나 결국에는 고객으로부터 외면받을 것이 분명하기 때문에 기업의 규모나 대표상품으로 회사를 판단하기보다, 기회 창출을 위해 조직이 얼마나 유연한 문화와 체계를 가지고 있는지 확인해야 한다. 기회를 많이 부여해줄수록 앞서 기술한 수직 상승이 수월해진다. 만약 회사가 기회를 주지 않는다면 수직 상승 또한 불가능하다.

기업 유형별 체크 포인트

실제적인 이직을 위해서는 구체적인 규모와 기업의 형태를 결정해야 한다. 좋은 이직이라고 판단해서 과감하게 선택했다가 낭패를 볼 수도 있다. 아래 각 요소들을 한 번 더 체크하면서 피해야 할 회사를 피해 보자.

✔ 대기업

"독립된 사업을 운영하는 계열사인가? 모기업에 종속된 계열사인가?"

대기업이라고 다 같은 대기업이 아니다. 대기업은 대부분 지분이 공유되어 있는 계열사의 집합으로 구성되어 있다. 하지만 계열사 중에서도 독립적인 사업을 운영하는 계열사가 있고 그렇지 못한 계열사가 있다. 모기업의 사업을 돕기 위해 설립된 건설사나 제조회사, *MRO 회사 같은 경우이다. 이런 회사들은 모기업의 사업정책에 따라 언제든지 구조조정의 대상이 되거나, 사업부의 축소 또는 통폐합이 이루어질 수 있다.

"부채율 혹은 신용등급에 빨간불이 들어온 계열사인가?"

많은 사람들이 대기업은 안전하다고 생각한다. 하지만 실제로는 그렇지 않을 수도 있다. 수많은 기업들 중 구조조정을 가장 전문적으로 하는 기업이 대기업이다. 이미 생존을 위해 수많은 구조조정을 경험했기 때문에, 불황이나 어려움이 닥치면 어떻게 준비하고 대처해야 하는지도 전문적으로 학습했다. 이 말은 구조조정에 망설임이 없다는 뜻이다. 때문에 무턱대고 대기업으로 가는 행보는 그리 현명한 판단이 아닐 수도 있다.

* MRO : 유지(Maintenance), 보수(Repair), 운영(Operation)의 약자로, 기업들에 필요한 소모성 자재의 구매 · 관리 및 컨설팅하는 업무를 담당하는 업체

지원하려는 회사의 부채율이 너무 높거나, 신용등급에 문제가 있다는 사실은 신문 기사를 통해 쉽게 파악할 수 있다. 일정 기간 내에 신용등급 혹은 부채율에 대한 기사가 지속적으로 언급되고 있다면, 시장의 우려를 받는다는 뜻이다. 이런 시장의 우려는 제품이나 서비스에 대한 고객의 반응이 아니라, 부도 우려에 대한 금융권의 우려이다. 흔하다고 볼 수는 없지만, 대기업 계열에서도 충분히 발생할 수 있는 일이며, 이런 상황에는 회사가 외부 눈치를 볼 수밖에 없기 때문에 매우 경직될 수밖에 없다. 경쟁력 없는 회사라고 말할 수는 없지만, 주의 요소임에는 분명하니 참고하기를 바란다.

☑ 스타트업

"대표의 전문성과 사업구조를 신뢰할 수 있는가?"

스타트업에게는 성장성과 이익률보다 사업의 경쟁력이 중요하다. 회사 규모가 작고 사업 초기일수록 창업자의 경쟁력이 곧 사업의 경쟁력이 된다. 창업자의 경험 혹은 지식수준이 회사의 수준이 될 확률이 높기 때문이다. 창업자에게 분명한 목적과 기술력이 없음에도 성공하는 경우가 더러 있지만, 대부분 오래가지 못하고 금방 추락하고 만다. 경영의 미숙함으로 어려움에 빠지거나, 이내 시장에서 경쟁력을 인정받지 못하기 때문이다. 스타트업일수록 대표가 가진 철학과 경쟁력이 매우 중요하다. 창업을 왜 했는지, 대표의 생각이 내 삶을 바꿀 만큼 영향력이 있는지, 기업의 서비스와 기술을 이용해보니, 내 돈을 지불하고도 구매할 의향이 있는지 체크하면 된다.

간혹 회사의 아이디어만 보고 좋은 기업이라고 지레짐작하는 경우가 있는데, 이것은 정말 위험한 생각이다. 스타트업의 숙명은 혁신이다. 혁신만이 답이다. 기존의 기업들이 가진 문제점을 지적하고, 도태된 구조를 재구성하는 것, 더 앞선 기술력과 시스템을 제안함으로써 묵은 것들을 타개하는 게 스타트업의 길이다. 스타트업이 혁신적이지 않다면, 고객 입장에서도 그들의 상품을 선택할 이유가 전혀 없다. 처음 보는 기업이고, 잘 알지도 못하는 곳에 당신이라면 소중한 돈을 사용하겠는가? 결국 생소함이라는 선입견을 뛰어넘는 경쟁력을 갖추어야 선택받을 수 있다. 이것이 바로 사업구조이다. 아이디어 한두 가지 좋다고 성공하는 것이 아니라, 혁신적인 구조를 만들고, 그 구조가 지속적인 발전을 견인해야 한다. 나는 사업구조를 평가하는 가장 확실한 지표가 수익성이라고 생각한다. 투자로 연명하는 스타트업은 결국 그 굴레를 벗어나지 못한다. 초기에야 수익성이 낮을 수도 있지만, 반드시 개선하여 흑자전환을 이루어야만 한다. 그게 올바른 사업구조이고, 신뢰할 수 있는 사업구조이다. 매출이 증가함에도 적자가 불어나는 사업은 대게 지속적인 투자를 받기 힘들어진다. 그런 회사는 결국 인수합병되거나, 시장에서 사라질 수 있다는 점을 기억하자.

✓ 중소기업

"독립적인 사업을 하는가? 하청업체(협력업체)인가?"

우리나라 일자리의 70%가 중소기업이다. 철옹성 같은 대기업도 처음부터 대기업이 아니었다. 중소기업에서 시작해 대기업으로 성장했을 뿐이다. 중소기업에 대한 부정적인 편견이 많지만 문제는 중소기업 자체가 아니라, 그 회사의 어떠함이다. 중소기업의 보편적인 성장구조는, 특정한 기술력이나 업무 프로세스를 담당하면서 중견기업 혹은 대기업과 공존하는 방식이다. 이런 경우에는 독립적인 사업을 할 수 없기 때문에 소위 원청이라고 불리는 대기업·중견기업의 영향력 아래에 있을 수밖에 없다. 이 구조는 매우 수동적인 구조로, 원청의 사업 방향성과 결정에 따라 회사가 휘청일 수 있다. 그래서 기획을 주도할 수 없고, 원청의 기획을 기다려야 하는 입장에 처한다. 또 개개인의 실력이나 능력이 아니라, 원청 담당자의 이해관계에 의해서 실적이 좌우될 수 있기 때문에 커리어를 성장시키는 관점에서는 이직하기 적절하지 않은 회사라고 할 수 있겠다.

하지만 중소기업이라고 하더라도 독립적인 사업구조를 가지고 있다면, 대기업보다 장점이 많을 수도 있다. 카테고리 킹이라고 부르는 회사들이 그렇다. 특정 영역에서 최고의 위치에 있고, 대기업이나 중견기업을 비웃으면서 사업하는 회사들이다. 그들은 특정 기술력과 지식을 보유하고, 시장에서 상품력을 검증받았기 때문에, 규모는 작아도 카테고리 내에서 넓은 인지도를 확보하고 있다.

스타트업이 카테고리 킹으로 성장하는 사례가 많이 나타나는데, 이런 회사들이 커리어를 성장시키기에 최적의 구조를 갖고 있다. 시장을 선도하기 때문에, 직원들이 기획하거나 시도할 수 있는 활동의 폭이 넓고, 잘 준비하기만 한다면 좋은 성과를 낼 수 있다. 그렇게 얻은 성공 경험은 대기업 직원들은 경험해 볼 수 없는 영역의 것이기도 하다. 대기업에서도 부러워할 만한 경험이 쌓인다는 뜻이다.

✔ 외국계 기업

"한국에 진출한 연혁이 얼마나 되는가?"

수많은 외국계 기업이 한국에 진출해 있다. 여기서 말하는 외국계 기업은 모기업이 해외에 위치해 있고, 한국 시장을 타깃으로 대한민국에 지사를 설립한 기업을 뜻한다. 처음부터 외국계에서 커리어를 시작하지 않은 사람은, 외국계 기업에서 근무하면서 굉장한 이질감을 느낄 수 있다. 언어와 프로세스, 문화 모두 한국 기업의 것과 다르기 때문이다.

거기다가 진출 연혁이 3년 이하인 기업은, 회사의 방향성이 급변할 수도 있다. 회사의 체계나 비즈니스 구조가 안정되지 않았기 때문이다. 겉으로는 인지도가 높아 보일지라도, 사실상 신규사업 혹은 스타트업과 같은 구조일 수 있다. 외국계 기업의 경우, 사업 안착이 늦어지거나 사업을 지속하기가 적절하지 않다고 판단되면 모기업에서 언제든 사업 철수를 결정할 수 있고 책임자가 본국에서 날아와 모든 시스템을 바꿀 수도 있다.

책임자가 외국인이면 문화적인 차이를 감내해야 하는데, 이것 역시 쉬운 일이 아니다. 그래서 기업의 리더십 레벨이 전부 외국인으로 구성되어 있다면 주의하는 것이 좋다. 그들은 한국 고객을 이해하기 어려워하고, 문화적으로 흡수될 여지가 낮아 비즈니스에 난항이 기다릴 수 있기 때문이다. 책임자 한 명 혹은 CFO라고 하는 재무 책임자 정도가 외국인인 경우는 많지만, 그 외의 주요 포지션까지 외국인으로 구성한다면 현지 적응에 실패하는 경우가 있을 수 있기 때문에 주의할 필요가 있다.

✓ 해외 주재원

"현지 채용방식으로 이직하는 것은 아닌가?"

간혹 해외에 진출한 한국 기업으로 이직을 시도하는 경우가 있는데, 외국계 기업에 취업하는 것보다 각별한 주의를 요한다. 간혹 채용 과정에서 주재원과 현지 채용을 혼용하는 것이 가장 큰 문제의 원인이 된다.

해외에서 근무하는 방법은 크게 2가지이다. 주재원과 현지 채용. 주재원은 우리가 일반적으로 아는 파견 형태의 근무 방식이다. 가족이 함께 이주하고 회사가 어느 정도의 생활을 지원해주기에, 각종 수당으로 급여가 대폭 인상되는 이점이 있다. 물론 인상된 급여가 저축이나 재투자에 쓰일 수 있는가는 별개의 문제이다. 대부분의 주재원들은 물가가 높은 지역에서 살기 때문에, 남는 돈보다 쓰는 돈이 더 커질 수도 있다.

두 번째 방식이 현지 채용인데, 이것은 말 그대로 현지에서 직접 채용하는 방식이다. 원래 현지 채용은 현지에 있는 현지인을 고용하는 방식인데, 이 방식이 현지에 살고 있는 한국인에게도 동일하게 적용된다. 즉, 현지에서 직접 고용하는 형태이기 때문에 별도의 주재 수당이 발생하지 않는다. 기업 입장에서는 비용의 증가를 막을 수 있고, 현지에 잘 적응된 사람을 채용할 수 있는 장점이 있어서, 설립된지 얼마 안 된 한국 기업들이 선호하는 방식이다.

그런데 문제는, 한국에 거주하는 사람을 현지 채용하는 이상한 경우가 더러 있다는 것이다. 주재 수당은 없지만 현지에서 근무할 기회를 부여한다는 게 기업의 입장이다. 현지 채용이 되었다면 해외 근무에 드는 모든 비용은 개인이 부담해야 한다. 평소에 해외에서 근무해보기를 희망했던 사람이라면 좋은 기회라고 볼 수도 있을지 모르겠지만, 이렇게 시작한 커리어가 중간에 이상하게 꼬이면 연속성 면에서 공백이 생긴다. 보통 이런 경우에는 기업의 디렉터 이상의 책임자가 한국인인 경우가 많은데, 한국에서 일어난 여러 가지 이슈들로-투자감축, 사업축소, 사내 정치 등- 디렉터가 본국으로 갑자기 소환되기도 한다. 그러면 그간 추진했던 사업들이 구조조정되는 경우가 많은데,이 때 주재원과는 달리 현지 채용된 사람은 현지 법을 적용받아 한순간에 직장을 잃을 수 있으니 반드시 주의해야 한다.

해외는 여행으로 가는 것이 좋지, 일하러 가면 힘들다. 해외 출장을 많이 다녀보면서 깨달은 진리이다. 관광과 생활은 다르고, 생활과 일은 더더욱 다르다. 원래 해외에 비전이 있었거나, 성장하고자 하는 분명한 목적이 있지 않다면, 리스크를 감수해 가면서 갈 필요는 없다고 본다.

☑ 공기업 및 공공기관

"특정 정책에 의해서 신설된 기관은 아닌가?"

공기업과 공공기관의 운영방식은 분명히 사기업과는 다르다. 매출과 수익이 발생하는 구조이더라도, 매출과 수익에 상관없이 인사를 평가하는 경우도 많다. 수조 원대의 적자를 내도 성과급 잔치를 벌이는 이해할 수 없는 일들이, 매출과 수익에 상관없는 인사 때문에 일어나는 것이다. 이러한 현상은 공공영역의 특수성과 목적을 유지하기 위해 만들어진 제도 때문에 빚어진다. 이를 인식해야 공기업에 대한 올바른 이해를 할 수 있다. 사기업과의 가장 큰 차이점은 예산에 의해 운영된다는 점인데, 여기서 주의해야 할 포인트가 하나 더 있다.

특정 정당이나 정치인의 정책에 의해서 신설된 경우이다. 이러한 경우에는 정권이 바뀌거나 정당의 정책 기조가 바뀌면 곧바로 예산이 삭감되거나 심각하면 부서가 폐지될 수도 있다. 보통 새롭게 신설된 기관들이 채용도 많이 하고, 새로운 시도를 하기 때문에 지원하는 입장에서는 좋게 보일 수 있다. 하지만, 사람이 만든 것 중에 영원하고 절대적인 것은 없다. 특히나 이렇게 신설된 기관은 언제 어떻게 될지 모른다. 원래 공공 영역에서 일했던 사람이 아니라면, 신설기관으로 커리어를 전환하는 것에 주의해야 한다. 오랫동안 공공영역에서 계속 일 한 사람에게는 큰 이슈가 아닐 수 있다. 최악의 상황에서도 다시 공공영역에서 일할 수 있고, 여러 경험이 하나의 커리어가 될 수 있기 때문이다.

고민살롱 #1

Q. 안정적인 회사에서 이직하는 것이 과연 성공적인 이직일까?

이형님 안녕하세요. 저는 꽤 안정적인 회사에 재직 중인 3년 차 직장인입니다.

제가 다니는 회사는 디스플레이 회사입니다. 그런데 디스플레이 산업이 불황기라 물량이 많이 감소하고 있습니다. 그래서 워라벨은 좋아졌으나 불황이 길어지면서 문득 저도 불안해지기 시작했습니다. '이렇게 물량이 감소하면 회사가 망하지 않을까?'는 걱정도 들고 업무적으로도 발전이 없다는 생각이 들어 이직을 결심하게 되었습니다.

운이 좋게도 산업권을 바꾸어 유명한 배터리 업계 3사 중 한 곳에 합격하게 되었는데, 막상 이직하려니 재직 중인 회사의 좋은 복지, 좋은 동료들, 적당한 연봉이 눈에 보이기 시작했습니다.

배터리 회사는 해외 출장이 길고, 경력직으로 이직하면 적응도 힘들 것 같고 여러모로 걱정이 많습니다.

연봉 상승과 미래 성장성을 보고 고된 곳으로 이직하는 게 맞는지 참 고민이 됩니다.

저는 어떤 선택을 해야 할까요?

A.

당연히 '미래를 보고 성장성이 높은 곳으로 가라'고 답하겠다. 너무 명백한 답변이지만 왜 이렇게 말하는지 디테일한 이야기를 나눠보자.

먼저, 현재 재직 중인 기업의 장점과 이직할 회사의 장점을 객관적으로 볼 필요가 있다. 지금 다니는 회사의 장점인 좋은 복지, 좋은 동료, 적당한 연봉은 회사가 어려워지면 다 사라지는 것들이다. 회사가 어려운데 어떻게 좋은 복지를 유지할 수 있을까? 회사가 어려워지면 실적 압박에 시달리게 된다. 압박에 시달리면 결국에는 동료들과 민감해지기 마련이다. 상사와의 관계도 어려워지고 여러 면에서 어려움이 발생한다.

지금은 연봉이 적당히 유지될지 몰라도, 불황이 지속된다면 연봉이 물가 상승률을 따라가기 쉽지 않을 것이다. 게다가 배터리 업계 자체가 더 유망한 산업인 것은 누구에게나 분명하다. 이 고민에 답변하기 위해 디스플레이를 대표하는 몇 개 기업들의 시가총액을 보고 배터리 관련 기업들의 시가총액을 살펴보았는데, 차이가 확연했다. 성장성을 비롯한 여러 측면에서 당연히 배터리 산업이 장기적으로 좋아 보인다.

그래도 사연을 보내주신 분의 고민은 굉장히 건강한 편이다. 물량이 줄어들고 일에 여유가 생기면 어떤 이들은 '드디어 내가 꿈꾸던 직장생활을 시작하겠구나'라고 생각한다. 이는 고인물(부정적인 의미의)이 되는 결정적인 사고방식이다. 걱정과 두려움 안에 안주하지 않고 '어떻게 하면 더 성장할 수 있을까?' '어떻게 하면 내 커리어가 더 전문적이고 다음 단계로 도약할 수 있을까?'라고 고민하면서, 실질적인 변화에 도전하는 게 좋을 것이다.

우리가 안정적인 것을 추구하면 더 이상 변화하지 않는다. 안정이라는 것 자체가 그렇다. 안정 안에서는 실력이 생기지 않는다. 실력의 본질은 남들이 하지 못한 경험을 하는 것이다. 남들이 경험해보지 못한 문제를 경험해보고 심지어는 해결하기까지 한 사람만이 실력이 있다고 평가받을 수 있다. 남들이 모르는 패턴을 가지고 있기 때문에 전문가라고 이야기할 수 있는 것이다. 그런 경험을 쌓기 위해서는 새로운 기회, 새로운 도전의 장이 있어야 한다.

종종 큰물에서 놀아야 된다고 말한다. 큰물이라는 운동장에 새로운 기회와 새로운 도전 기회가 많기 때문이다. 단순히 대기업만 큰물이 아니다. 새로운 시장이 열리거나, 새로운 기술이 도입되거나, 새로운 장이 열릴 때, 그런 곳을 큰물이라고 보아야 한다.

이런 논리들을 체계적으로 잘 정리한 이론이 블루오션 이론이다. '더 이상 레드오션에 있지 말고, 블루오션을 찾아가자!' 그 블루오션이 처음에는 별거 아닌 곳 같고, 아무도 없는 곳 같지만, 그 아무것도 없는 곳에서 나만의 독보적인 커리어, 나만의 독보적인 역량을 갖출 수 있는 것이다. 상대적으로 쉽고 빠르게, 그리고 임팩트 있게 모든 것들을 가져갈 수 있는 곳이 블루오션이다.

필자는 독자분들에게 항상 똑같이 명백하게 말씀드린다. 커리어는 미래 지향적으로 결정해야 한다. 커리어를 단순히 연봉, 복지, 동료 때문에 결정하면 안 된다. 커리어는 하루아침에 안착되는 게 아니다. 이직하거나 직무를 바꾸면 적응하는 시간이 필요하다. 일 뿐만 아니라 사람에게도 적응해야 하고 산업에도 적응해야 하고 조직에도 적응해야 한다. 그러니 미래 지향적인 선택을 할 수 있을 때 과감하게 선택하길 추천한다.

사연을 보내주신 분에게 정확한 팩트 하나를 말씀드리겠다. 이직하지 않는 게 당장은 이득처럼 보이는데, 그 이득이 장기적으로 이어질까? 필자는 그렇게 생각하지 않는다.

현재 이직이 가능한 이유는 디스플레이라는 업의 특징과 연차가 3년 차이기 때문이다.

시간이 지나고 나서도 산업을 바꾸는 정도의 이직이 가능할까? 시간이 지날수록 어려워질 것이다. 그래서 이직할 때 또는 커리어를 결정할 때는 중요한 기준과 프로세스, 방법들을 가지고 결정해야 한다.

무조건 직무가 나에게 맞는지 먼저 고민하고, 직무와 맞지 않는다면 연차와 상관없이 빨리 이직을 시도해야 한다. 이 판단은 빠르면 빠를수록 좋다. 그래야 자신의 전문성을 빠른 시일 내에 직무에 기반해서 쌓을 수 있기 때문이다. 판단이 빠를수록 전문성을 키울 수 있는 기간을 확보할 수 있다.

그다음으로 중요한 것이 산업 전문성이다. 산업 전문성을 갖추고 나면, 어느 직장을 다니든 문제 되지 않는다. 처음에 대기업에 시작할 수도 있고 스타트업에서 시작할 수도 있다. 어디에서 시작하든 상관없다. 다만 여러분의 커리어가 더욱 성장하기 위한 이동과 이직을 하면 되는 것이다.

연봉이 높아지기 때문에 이직하는 게 아니다. 새로운 기회, 새로운 성장을 위해서 이직하는 것이다. 그러다 보면 더 높은 연봉이나 더 좋은 조건은 당연히 따라오게 되어 있다.

그래서 차별화된 경험, 남들이 해보지 않은 경험을 찾아서 떠나는 게 결국에는 가장 좋은 커리어의 로드맵이 아닐까 생각한다.

필자는 가급적 빨리 이직하라고 말하고 싶다. 더 고민할 필요가 없다.

그런데 다시 한번 말하지만 이직을 하냐 마냐가 중요한 게 아니라 내가 왜 이직하는가가 중요한 것이다. 본인의 마음가짐이 달라지고, 이직 태도와 관점이 달라져야 한다. 이미 면접을 다 마친 상태이기 때문에 '회사를 옮겨서 내가 어떤 커리어에 도전할 것인가'를 깊게 고민해보기를 바란다. 이 고민에서 새로운 관점과 태도가 시작될 것이다.

고민 살롱 영상 바로가기 >

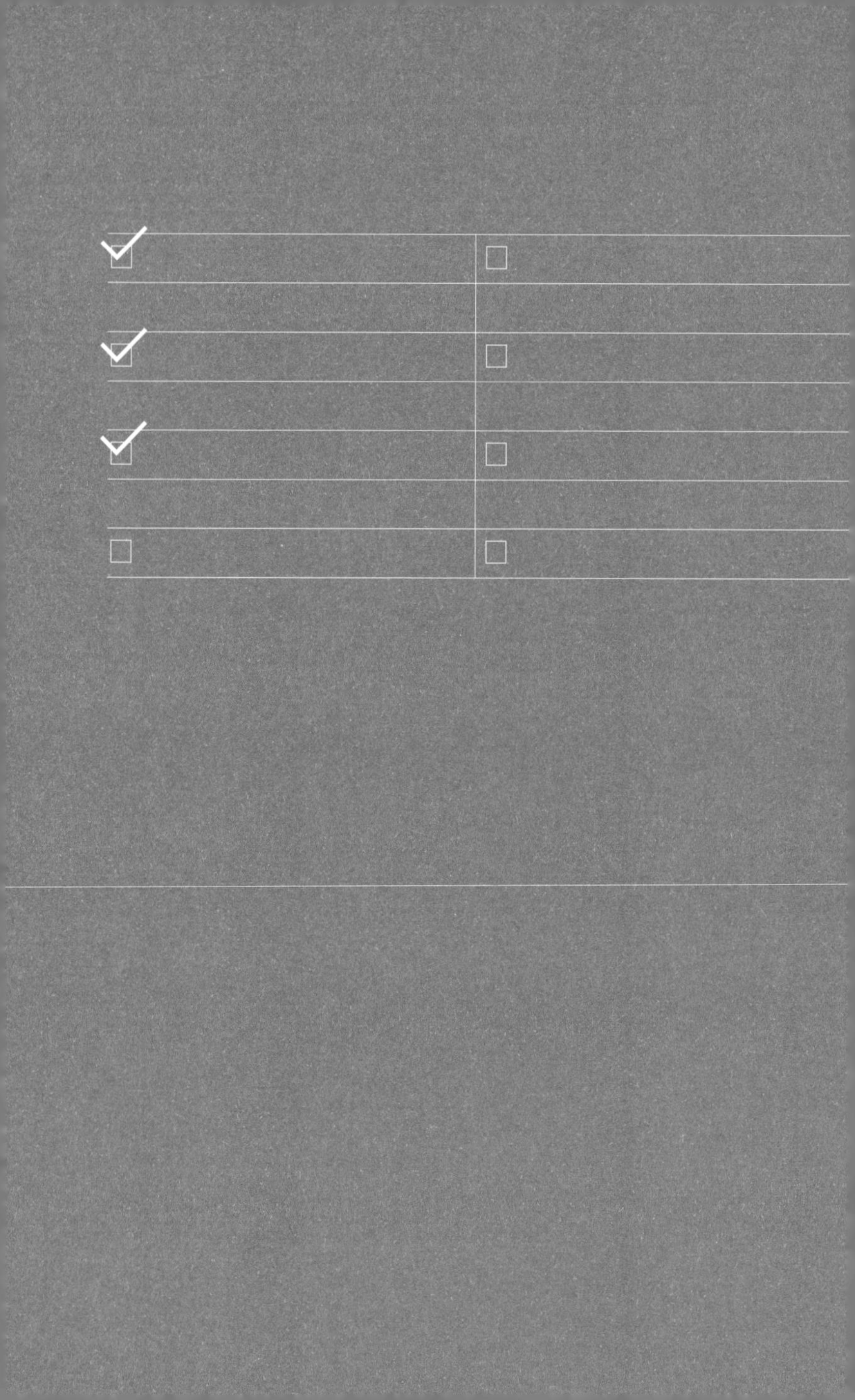

STEP 3

후회 없는 퇴사 타이밍 진단 가이드

공통 체크리스트

이직은 반드시 퇴직이라는 과정을 거친다. 그렇기 때문에 이직의 동기를 확인해보아야 한다. 혹시 이직이 아니라 퇴사를 하고 싶은 것은 아닌지? 아니면 더 나은 성장의 기회를 향해 정말 도전하고 싶은 것인지 먼저 점검해보자.

대부분의 직장인들은 사직서를 가슴에 품고 다닌다. 본인과 회사 사이에 맞지 않는 부분이 있기 때문이다. 회사가 불편한 직장인들은 선불리 퇴사를 결심한다. 일단 퇴사를 하면 나에게 맞는 회사를 어딘가에서 찾을 수 있을 것이라고 생각하는데, 여기서 우리는 두 가지 포인트를 점검해 보아야 한다. 첫째, 회사와 잘 맞는 사람이 있는가? 둘째, 나와 잘 맞는 회사는 어떤 회사인가?

첫 번째 포인트부터 점검해보자. 회사와 잘 맞는 사람이 있을까? 단언컨대 거의 없거나 소수의 워커홀릭 정도일 것이다. 그런데 워커홀릭을 살펴보면 회사와 정말 잘 맞아서 일에 몰두하는 게 아닐 수도 있다는 사실을 기억해야 한다. 업무를 하나의 도피처로 생각하고 자신의 삶과 가치들을 방치하고 있는 워커홀릭이 많다. 이런 경우라면, 논의의 대상이 될 수 없다. 조직은 많은 사람들이 모여서 공동의 목표를 향해 달려가는 곳이다. 다양한 의견과 위계질서, 의사소통과 오해가 있을 수밖에 없고 그것을 잘 조율하는 것이 직장생활의 또 다른 의미이다. 조직 생활의 특징상, 어찌 보면 회사와 잘 맞기를 포기하는 것이 인생에 유익할지도 모르겠다.

자, 그렇다면 두 번째 주제였던 나와 잘 맞는 회사가 무엇인지 생각해 보자. 여기부터는 가치 판단을 점검해야 한다. 나에게 있어서 가장 중요한 가치는 무엇인가? 나는 왜 직장 생활을 하고 있고, 이를 통해 얻고자 하는 바가 무엇인가? 대다수의 직장인들은 직장생활의 이유를 연봉 혹은 월급 정도로 답한다. 그렇다면 높은 급여를 주는 기업은 나와 잘 맞는 회사일까? 높은 급여가 보장된 대기업이나 공기업 혹은 안정적인 직장 생활을 하고 있는 공무원들은 자신의 직장을 좋아할까? 조금만 조사해 보면 그들 역시 자신의 직장 생활에 불만족한다는 통계를 쉽게 찾을 수 있다. 높은 급여는 필요 조건이지 충분조건이 될 수 없기 때문이다.

이직은 진지하게 고민해야 할 요소이다. 나에게 가장 의미 있는 기회가 무엇인지 탐색하는 과정이기 때문이다. 이 책을 통해서 나에게 정말 필요한 것이 무엇인지 알아보자. 이것은 여러 경험과 깊은 생각을 통해서만 구체화할 수 있고, 또 한 번 정리했다 하더라도 지속적으로 업데이트를 해야만 하는 이슈이다.

커리어의 목적과 목표를 깔끔하게 정리하고 최적의 이직을 하면 좋겠지만, 최적의 이직을 찾다가는 아마 이직이 불가능할지도 모르겠다. 언제나 완벽한 것은 없고, 정답이 존재하지 않는 영역이기 때문이다. 하지만, 많은 사람들의 이직과 함께하면서, 이직에는 분명한 타이밍이 있다는 사실을 알 수 있었다. 어떤 이는 이직 타이밍에 두려움을 떨치지 못하고 아무것도 하지 않다가 어려움에 처한다. 다른 이는 아직 이직 타이밍이 오지도 않았는데, 섣부르게 선택했다가 후회하는 경우도 있다. 너무 앞서도 좋지 않고, 너무 뒤처져도 좋지 않다. 아래 체크리스트들은 퇴사를 결정하기 전에 최종적으로 점검해야 할 리스트이다. 공통적인 체크리스트가 있고 연차별로 점검할 추가 질문이 있는데, 하나씩 체크해보면서 나는 어떤 동기를 가지고 이직을 준비하는지 점검해보자. 다시 한번 강조하지만, 이직은 성장을 위한 수단이 되어야지 이직 자체가 목적이 되어서는 안 된다.

<공통 체크리스트>

☐ **개인의 상태** : 심리적으로 무너져 있는가? (우울증, 공황장애 등)

☐ **성장성** : 회사가 만성 적자에 허덕이고, 적자 문제가 개선되지 않는가?

☐ **문화** : 사내 정치가 중요한 의사결정에 절대적인 영향을 주는가?

☐ **역량** : 성장 롤모델로 삼을 사람이 한 명도 없는가?

☐ **기회** : 더 큰 영향력, 큰 규모의 프로젝트를 맡을 기회를 얻게 되었는가?

<1년 차 미만 체크리스트>

☐ 나에게 아무 일도 안 주는가?

☐ 입사한 지 3개월 이상 1년 미만인가?

<3년 차 미만 체크리스트>

☐ 나만 발전이 없는가? 아니면 조직 전체가 문제인가?

☐ 5년 차 직원들과 같은 수준의 일을 하고 있는가?

<5년 차 이상 체크리스트>

☐ 시장에서 인정해줄 만한 경력 기술서를 가지고 있는가?

☐ 회사에서 성장의 한계에 부딪혔는가?

체크리스트를 점검해보니 어떤 생각이 드는가? 예상외로 퇴사할 이유가 없다고 느꼈거나 혹은 확실히 퇴사를 결심했을 수도 있다. 언제나 행동하기에 앞서 확신을 갖는 게 중요하다. 확신이 있다는 것은 나만의 기준이 있다는 것이고, 자신만의 기준으로 행동할 때 망설이지 않고 전진할 수 있다. 그렇다면 구체적으로 체크리스트를 살펴보자.

공통 체크리스트

1 개인의 상태

심리적으로 무너져 있는가? (우울증, 공황장애 같은 상태)

탁월한 운동선수를 길러내는 트레이너의 이야기를 들은 적이 있다. 운동선수란, 몸을 쓰는 사람이고 이를 통해 부가가치를 만들어 내는 사람이다. 그렇기에 운동선수에게 가장 중요한 것은 육체적인 컨디션을 좋게 만드는 것이다. 그런데 탁월한 트레이너는 에너지의 20%만을 육체적 훈련에 사용하고, 80%의 에너지를 멘탈 관리에 사용한다고 한다. 그만큼 육체적인 부가가치를 만들어 내는 데에 멘탈이 큰 영향을 미친다는 뜻이다. 운동선수도 멘탈관리에 막대한 에너지를 소모하는데, 사람들과의 관계 속에서 결과물을 내야 하는 우리는 어떠한가? 멘탈은 퍼포먼스에 직접적인 영향을 준다. 그렇기에 심리적으로 무너지면 직장생활을 지속하기 어려워진다. 심각한 경우에는 직장생활을 그만두고 치료를 받아야 한다. 최근 들어 정신질환자가 수도 없이 쏟아지는데, 지식의 부족으로 질환을 방치하면서 극단으로 치닫는 경우를 종종 목격한다. 주변을 살펴보면 우울증과 공황장애 진단을 받아 본 사람들이 생각보다 많다는 것을 알 수 있다. 정신질환은 정확히 진단이 가능한 일종의 질병이다. 치아에 충치가 생기면 반드시 치과에 가서 물리적으로 치료를 받아야 하는 것처럼, 우울증과 공황장애 같은 정신질환도 병원에 가서 치료를 받아야만 한다.

만약 병원에서 정신질환으로 진단을 받았다면, 문제의 초점을 다시 맞추어야 한다. 정신질환은 이직의 문제가 아니라 내 인생에 대한 문제이기 때문이다. 나는 즉시 퇴사하고 치료에 전념하기를 권한다. 누군가 '생활은 어떻게 하냐'고 물을지 모르겠다. 물론 생활 걱정이 없을 수는 없다. 하지만 더 늦기 전에 하루라도 빨리 치료받는 것이 시간을 절약하는 방법이라고 생각한다. 시간이 걸리더라도 완치되면 더 의미 있는 삶에 도전할 수 있기 때문이다. 여기서 핵심은 병원에서 내린 진단이다. 내가 느끼는 감정보다 중요한 것은 명확한 진단에 따른 처방일 것이다.

2 성장성
회사가 만성 적자에 허덕이고, 적자 문제가 개선되지 않는가?

수 많은 청년들이 나에게 동일한 질문을 던진다. "어떻게 하면 대기업에 들어갈 수 있나요?" "어떻게 하면 공기업에 취직할 수 있나요?" 취업 준비 방법이나 면접 노하우를 기대하고 질문했겠지만, 나의 대답은 그들의 기대와는 다르다. "대기업과 공기업만 준비하기보다는, 작더라도 성장하는 기업에 가라"는 게 나의 대답이다. 오늘날의 대기업과 공기업은 다소 경직되어 있기 때문에 시대의 변화를 따라가기 어려울 수 있다. 대기업과 공기업은 4차 산업혁명 이전에 자리 잡은 질서이다. 급변하는 4차 산업혁명 시기에는 대기업 또한 다소 다른 형태로 시장에 적응할 것이라고 생각한다.

성장하는 기업은 다양한 시도를 할 수 있고 많은 분야를 주도할 수 있다. 반대로, 역성장하는 기업은 분위기가 언제나 경직되어 있고 안 되는 이유만 늘어놓기 마련이다. 중요한 것은 관점이다. 관점은 전문성보다 중요하다. 할 수 있다고 생각하면 어려운 상황에서도 아이디어를 얻고 해결할 수 있는 에너지를 받을 수 있다. 이러한 관점을 가진 사람은 어떤 곳에서도 승승장구할 수 있고 성장할 수 있다. 어려운 환경조차 극복하기 때문이다. 그러나 안타깝게도 지금 시대의 대기업과 공기업에서는 이런 관점을 습득하기가 쉽지 않아 보인다. 가능하다면, 규모와 상관없이 성장하는 기업, 성장하는 부서에서 일하는 것이 가장 좋다.

회사가 경직된 탓에 만성적자에 시달리고 있다면, 새롭게 도전하기가 굉장히 부담스러울 것이다. 새로운 투자는 언감생심이고, 무엇이 문제인지조차 모른 채 남 탓만 하기 바쁠 수 있다. 부정적인 언어와 관점은 우리를 불편하게 만들 뿐 아니라 우리의 에너지를 좀 먹는다. 할 수 있다고 믿고 도전해도 성공하기 쉽지 않은데, 부정적인 언어와 문화에 시달린다면, 성공이 아니라 유지조차 쉽지 않을 것이다. 회사가 만성 적자에 시달리고, 해결될 기미가 보이지 않는다면 앞으로도 해결하지 못할 확률이 높다. 왜냐하면 이는 경영 능력이고, 조직문화이기 때문이다.

단언컨대, 성공하는 마인드를 배울 수 있는 곳으로 떠나라. 성장 마인드가 성공 마인드를 이끌어 온다. 이런 조직 문화를 갖춘 기업에서 온전한 성장에 도전할 수 있다.

3 문화
사내 정치가 중요한 의사결정에 절대적인 영향을 주는가?

회사는 조직이기 때문에 어느 정도 규모가 커지면 반드시 정치적인 영향력이 생길 수밖에 없다. 사내 정치가 꼭 나쁜 것이라고만 이야기할 수는 없다. 특별한 경우에는 선한 영향력으로써 사용되어야 하는 경우도 있다. 그러나 한번 사내 정치에 대해 부정적인 경험을 겪으면 사내 정치를 극도로 혐오하게 된다. 처음에는 좋은 의도로 시작할 수 있지만, 시간이 지날수록 권력화되고 공정성과 경쟁력을 망치는 경우를 보면서 나 역시 사내 정치는 끝이 좋기 어렵다는 결론을 내렸다.

정치적인 영향력으로 회사의 행보를 결정하기 시작하면, 자연스럽지 못하고 공정하지 못한 결과로 귀결된다. 특별히 투자와 인사에서 정치개입의 결과가 극명하게 드러나게 마련인데, 투자는 논외로 치더라도 인사에 대한 개입은 모두가 알게 된다. 누가 보아도 탁월한 사람이 승진에서 누락되거나, 더 중요한 업무를 맡지 못한다면 이것은 분명히 잘못된 의사결정이다. 이런 경우가 특정 영역에서 동시다발적으로 일어나거나, 한 사람의 라인 여부에 따라 기회가 편중된다면 더 이상 고민할 필요가 없다.

조직에서의 성장은 더 높은 직책을 수행함으로 나타난다. 결국 경험이 나를 성장시킨다. 그런데 사내 정치가 판치는 조직에서는 실력이나 리더십과는 상관없이 특정 인물에 대한 충성도와 관계가 승진의 중요한 척도가 된다. 이런 조직에서 오래 성장한 사람은 직무 전문성이나 문제해결 능력보다는 특정 인물에 대한 선호 여부, 비위를 맞추는 방법 등에 대한 전문성을 갖게 된다. 전문 사내 정치인이 되는 것이다. 이는 진정한 전문성이라고 말할 수 없으며, 시장에서도 통용될 수 없는 역량이다. 사내 정치가 판치는 회사라면 어서 떠날 준비를 하는 것이 좋다.

4 역량
성장 롤모델로 삼을 사람이 한 명도 없는가?

성장에는 많은 조건이 필요하다. 좋은 커리큘럼과 환경이 전제되어야겠지만 가장 중요한 것은 따라 할 만한 롤 모델이다. 좋은 커리큘럼과 환경이 준비되어 있어도 롤 모델이 없으면 성장방식을 이해하기 어렵다. 하지만 롤 모델이 많으면 커리큘럼과 환경이 없어도 괜찮다. 어떤 스타트업이 좋은 회사인가? 라고 질문한다면, 나는 '배울 것이 있는 대표나 사람들이 있는 곳'이라고 대답하겠다. 조직이 클수록 많은 사람들이 함께 일하고, 일하는 과정에서 많은 성장들을 다양하게 경험할 수 있다. 그런데 아무리 둘러

보아도 주변에 롤 모델로 삼을 만한 사람이 없다면 그것은 개인의 문제라기보다 조직 전체의 문제일 가능성이 높다.

롤 모델은 업무역량뿐 아니라 인격적인 성품까지 고려해서 선정하는 게 좋다. 슈퍼맨을 찾으라는 말이 아니다. 모든 사람에게는 각자마다 강점과 약점이 있고, 성향과 성격이라는 캐릭터가 있는 법이다. 나에게 없는 것을 가지고 있거나 배우고 싶은 능력이 있는 사람을 롤모델로 삼고 따라 해보길 권한다.

모든 조건이 나와 맞지 않고, 나를 인정해 주는 사람이 없어도 따르고 배울 수 있는 롤 모델이 있다면 아직은 퇴사할 시점이 아닐 수도 있다. 왜냐하면 배울 수 있는 사람은 어디에나 있지 않기 때문이다.

많은 사람들이 상사로 인한 갈등으로 퇴사를 결심한다. 상사의 무능력과 비인격적인 처사 등, 어떤 유형이건 간에 직장생활을 괴롭게 만드는 대부분의 요인은 상사이다. 그러나 모든 탓을 상사에게만 돌리기는 어렵다. 부하는 상사의 인격을 보지만, 상사는 부하 직원의 실력을 보기 때문이다. 실력과 인격을 두루 갖춘다면 슈퍼맨 같은 최고의 상사이겠으나, 현실적으로 슈퍼맨은 극히 소수다. 나는 배울만한 상사의 기준을 제시하고 싶다. 상사의 인격이 나의 바램과 다를지라도, 실력면에서 탁월한 부분이 있다면, 배울만한 상사임을 인정해야 한다. 상사가 아무리 인격적이더라도 실력이 없다면 배울 것 또한 없다는 사실을 납득해야 한다. 회사는 성과를 내기 위해서 모인 곳이다. 롤 모델에게 배워야 할 딱 한 가지는 성과를 내는 방법이다. 아이러니하게도 지속적으로 성과를 내는 사람은 인격적인 부분도 잘 준비되어 있기 마련이다. 하지만 이것은 의식적인 노력과 훈련을 통해서만 만들어질 수 있고, 또한 시간이 많이 걸릴 수도 있다. 나의 상사 역시 훈련의 과정일 수 있으므로, 내 상사가 훌륭한 인격을 갖추지 못했더라도 섣불리 부정적으로 판단하지는 말자.

5 기회

더 큰 영향력, 큰 규모의 프로젝트를 맡을 기회를 얻게 되었는가?

커리어가 성장한다는 말은 더욱 규모 있고 복잡한 업무를 능숙하게 다루게 되었다는 의미이다. 처음에는 작고 단순한 업무부터 시작한다. 시간이 지나고 여러 경험들이 쌓이면서 남들은 다룰 수 없는 문제나 이슈들을 자유자재로 다룰 수 있을 때, 전문가가 되었다고 말할 수 있다. 4번 체크리스트에서 언급한 바와 같이, 상사나 동료 때문에 퇴사를 결심하면 안 된다. 근무 중인 회사 내부에서 찾을 수 없는 영향력과 기회를 얻기 위해 이직하는 것이 가장 이상적인 이직의 목적이다.

다른 차원에서 본다면 회사 내에 좋은 기회가 생겼을 때, 왜 기회를 잡지 못하는지를 피드백해야 한다. 역량의 문제라면 훈련과 학습을 통해 채워 나가야 하고, 태도의 문제라면 관점을 바꾸어서 도전해야 한다. 이직을 통해 내가 속한 조직을 바꾼다고 해서, 내 안에 있는 문제가 저절로 해결되지는 않는다. 지금 근무 중인 기업에서 좋은 기회가 생긴다면 그 기회부터 놓치지 않게끔 노력해 보자. 만약 아무리 도전해도 기회가 주어지지 않는다면 그때 이직이라는 방법을 검토해봐도 늦지 않다. 5번 체크리스트를 통해서 점검하려는 사항은 아주 간단하다. '이직은 수단이지 목적이 아니다'는 사실이다.

지금까지 퇴사 타이밍에 대한 공통 체크리스트를 알아보았다. 눈치챘겠지만, 이 체크리스트는 점수를 내거나 통계를 내기 위함이 아닌, 질문 하나하나를 나에게 대입시켜보면서 이직의 목적을 점검하기 위함이다. 이제부터는 연차별 체크리스트를 살펴보면서 디테일하게 나의 이직을 점검해 보자.

연차별 체크리스트

1년 차 미만 체크리스트

입사 후 1년 동안은 조직에 적응하고 배우는 데에 집중해야 한다. 한 아이가 성장 과정을 거쳐서 성인이 되듯이, 우리의 커리어도 시기에 맞는 경험과 관점을 습득해야 한다. 이제 막 입사한 경우, 모든 것이 새롭고 생소하고 어색하다. 하지만 낯섦을 거쳐야지만 온전한 커리어를 시작할 수 있다. 그래서 이 시기는 적응력과 인내력을 가장 중요하게 보는 시기이다. 이 기준에 맞추어 아래 두 가지의 체크리스트를 점검해보자.

1 나에게 아무 일도 안 주는가?

입사 후 1년 동안은 업무 적응 기간이다. 크고 작은 일들에 참여할 수 있으나 주도할 수는 없고, 독자적으로 업무를 수행하지 못하는 기간이다. 그렇다 보니 입사 초기에는 스스로가 장애물처럼 느껴지기도 한다. 적응기의 어려움은 아주 자연스러운 현상으로, 모두가 겪는 과정이다. 하지만 이 적응 기간이 필요 이상으로 길어진다면 이야기가 달라진다.

앞서 이야기한 것처럼 우리는 기회를 통해서 성장한다. 성장은 교과과정 이수나 자격증 시험과 같은 정보입력 과정이 아니다. 무언가를 수행하면서 내 나름의 노하우를 만들고, 핵심 포인트를 알아가는 경험 그 자체가 성장의 과정이다. 그러나 성장의 기회조차 주어지지 않는다면 그만큼 성장의 길은 멀어진다. 물론, 나의 태도나 관점의 부재, 기본적인 프로그램 활용 능력 같은 것들이 준비되지 않아서 업무 자체를 맡지 못하기도 한다. 그런 경우라면 업무 시간을 포함한 나의 모든 상황에서, 업무 스킬을 습득하기 위해 에너지를 사용하면 된다. 적응 기간에는 아무런 일이 주어지지 않는 게 아니라, 일을 담당할 수 있도록 회사가 기다려준다고 보는 게 더 적합하다.

회사가 직원들에게 무관심한 문화를 형성하는 경우가 있다. 사람에 대한 관심, 성장에 대한 자극은 시스템이나 제도의 이슈가 아니라 조직 문화와 연관되어 있다. 조직문화를 만드는 사람들은 조직을 이끌어 가는 리더십이다. 리더들의 머릿속에 담긴 우선순위는 회사의 핵심 가치와 인재상으로 드러난다. 우리는 면접단계에서 회사가 사람을 어떻게 대하는지 가늠해 볼 수 있다. 입사 과정에서 응시자에 대한 서투른 취급에 고개가 갸우뚱해지는 경우가 있어도, 실제 회사문화는 전혀 다를 수 있다. 하지만, 처음에 느꼈던 부정적인 느낌을 입사 후에도 강하게 받는다면 그것은 필시 조직문화에 결함이 있다고 보아도 무방할 것이다.

2 입사한 지 3개월 이상 1년 미만인가?

면접관들은 응시자의 커리어 기간을 정말 중요하게 확인한다. 만약 당신이 커리어를 시작한 직장이 마음에 들지 않거나, 적응이 어려워 퇴사를 고려한다면 3개월 이내에 결정을 내리는 편이 좋다. 3개월 이내에 퇴사하면 이력서나 경력 기술서에 기록을 남기지 않아도 크게 상관없기 때문이다. 이력서에 조기 퇴사 내역이 담겨있을 경우, 면접관은 퇴사 원인을 무조건 당신에게서 찾을 것이다. 실제로 당신에게는 원인이 없고, 회사에게 원인이 있더라도 그렇게 간주할 확률이 높다.

조직은 일종의 규율과 기준에 의해서 움직이는 곳이다. 새로 입사한 사람에게는 조직에 적응하는 시간이 필요함을 조직구성원 모두가 알고 있다. 그러나 적응 기간을 충분히 보내기 전에 퇴사를 결정한 행위는 적응력 혹은 인내심이 부족하다고 해석할 수 있는 여지를 준다. 게다가 최근 입사하는 소위 MZ세대는 기성세대의 면접관 입장에서 이해할 수 없는 면들을 너무나 많이 보여주었다. 그중에서도 가장 이해할 수 없고 어떻게 대처해야 될지 모르겠는 이슈가 조기 퇴사이다. 그러니 퇴사를 하려면 기록에 남지 않게끔 3개월 이내에 결정하자. 조직을 파악하는 데에 3개월이면 충분하다. 내가 생각했던 직무나 일하는 방식, 조직 문화와 거리가 멀다면 가급적 3개월 이내에 퇴사하는 것이 좋다.

안타깝게도 3개월이 이미 지났다면 1년 동안은 근무하는 편이 좋다. 첫 번째 이유는 앞서 말했던 습관성 조기 퇴사의 이슈를 피할 수 있고 두 번째로 1년의 기간 동안 조직에 적응을 할 수도 있기 때문이다. 1년 정도 조직을 경험하고 적응했다면, 이직을 해도 크게 문제가 되지 않는다. 중고 신입이라고 부르는 짧은 경력이 있는 신입사원들이 워낙 많기 때문에, 이제는 1년 정도의 근무 이력이 중요한 스펙으로 자리매김하고 있다. 1년은 경험하고 배우기에 충분한 시간이지만, 6개월은 너무 짧다. 1년까지는 버텨보자.

3년 차 미만 체크리스트

경력이 3년 차 이상이라면 실무를 독립적으로 수행할 수 있는 실무자의 단계에 해당된다. 이때부터 보통 경력직이라고 이야기한다. 직무를 바꾸고 싶거나 산업을 드라마틱하게 바꾸고 싶다면, 안타깝게도 전환이 쉽지 않은 시기일 수 있다. 직무 혹은 산업을 바꾸려면 3년 차 이내에 중고 신입이라는 개념으로 이직하는 시도가 가장 매끄럽다고 생각한다. 이러한 트렌드가 반영되어, 인재시장에서 가장 선호하는 경력이 3년 차에서 7년 차 사이의 주니어 경력직이다. 주니어 경력직의 핵심 이력은 왕성한 활동과 다방면의 경험들로 쌓인 자신만의 노하우이다. 주니어 경력자로서 퇴사를 고민하고 있다면 아래 2가지 체크리스트를 점검해 보기 바란다.

1 나만 발전이 없는 것인가? 조직 전체가 문제인가?

3년 정도 회사생활을 했다면 내가 문제인지 조직이 문제인지 정도는 구별할 수 있게 된다. 하지만 여전히 지극히 주관적인 감정과 기준으로 판단하는 경우가 있기 때문에 이 체크리스트를 통해서 어느 정도의 객관성을 가지도록 돕고자 한다. 성장과 발전이라는 측면에서 나만 제자리를 걷고 있는지, 아니면 조직 전체가 제자리걸음 혹은 퇴보하고 있는지 점검해 보자. 문제 있는 조직은 조직의 목표도 없고, 도전정신을 가진 동료도 없고, 성과 자체가 사라지거나 급격히 줄어든다는 특징이 있다. 그 누구도 왜 일하는지 의미와 목적에 대해 설명해 주지 않고, 정해진 규칙과 시스템에 따라 업무 시간을 때우는 조직문화에 고착되어있다. 이런 환경에서 오랜 시간을 보내면 인생이 메마르고 매너리즘에 빠질 수밖에 없다. 하루 중 가장 오랜 시간을 보내는 곳이 직장이기 때문에, 근무 시간이 비관적이고 절망적이면 당연히 인생도 부정적으로 바라보게 된다. 매사에 시니컬한 사람은 이런 조직에서 오랫동안 몸담은 경우가 대부분이다.

조직의 문제와 더불어 반드시 점검해 보아야 하는 것은 나의 발전방식과 속도이다. 3년 정도 근무를 했다면 내가 잘하는 것이 무엇인지, 피해야 하는 환경은 어떤 것인지 정도를 구분할 수 있어야 한다. 이것이 불분명하다면 맡을 사람이 없는 업무를 떠맡게 될 수 있다. 내가 더 잘할 수 있는 업무를 받는 것이 중요하다. 내가 업무나 프로젝트를 선택했는지, 아니면 상사의 일방적인 지시로 업무를 떠맡았는지 점검해보자.

주도적인 사람이 발전적이다. 그리고 주도적일 때에만 성장할 수 있다. 시간이 지난다고 무조건 전문가가 되지 않는다. 대부분의 직장인들은 수동적이고, 주어진 시간에 지시받은 일만 하려고 한다. 이런 직장생활은 몸과 머리가 편할 수는 있지만, 장기적으로 업무에 의미를 부여하거나 에너지의 동력을 내 안에서 찾아내어 스스로를 성장시키기는 어렵다. 또한 수동적인 업무들은 대부분 AI와 로봇으로 대체 될 수 있다. 아무리 성장해보았자 AI에게 대체된다면, 무슨 의미가 남겠는가. 지금까지 내가 무언가를 제안하거나 기획해 본 적이 없다면 그것부터 도전해보고 이직하기를 추천한다.

2 5년 차 직원들과 같은 수준의 일을 하고 있는가?

나의 선임들을 보면 내가 얼마나 성장할 수 있을지를 가늠해 볼 수 있다. 3년 차부터 7년 차까지가 가장 에너지 넘치고 새로운 시도를 도전할 수 있는 시기이다. 우리는 도전을 통해서 새롭게 성장할 수 있다고 상술한 바 있다. 그런데 시간은 지났지만 과거와 동일한 일을 하고 있다면, 발전했다고 말할 수 있을까? 3년 차와 5년 차는 업무의 성숙도 측면에서 굉장히 큰 차이를 보인다. 최근에는 직급별로 구분하는 회사가 많이 없어졌지만, 여전히 직급으로 직무의 전문성과 위계를 나타내는 경우가 있다. 사원과 대리 혹은 주임과 대리를 구분하는 연차가 일반적으로 3년과 5년이다.

전통적인 직무 구분이지만 3년과 5년을 기준 삼은 이유가 있다. 3년 차는 업무에 적응하여 지금까지 맡았던 업무의 효율성이 높아지는 시기이고, 5년 차는 지금까지 해왔던 일들을 보완·발전시키기 위한 통합까지 요구받는 시기이다. 그래서 3년 차 직원이 5년 차 선임을 바라보면 2년 뒤의 성장 모습이 그대로 보이는 것이다.

7년 차와 9년 차는 크게 차이가 없을 수도 있다. 10년 차와 15년 차 역시 차이가 크지 않을 수 있고, 경우에 따라서 잘 훈련받고 성장한 7년 차가 15년 차 보다 훨씬 탁월하게 업무를 수행하는 경우도 있다. 하지만 부인할 수 없는 구분의 시기는 3년과 5년이다. 이 기간을 어떻게 보내느냐에 따라 한 사람의 커리어가 어디까지 성장할 수 있는지를 판가름한다고 말해도 과언이 아니다. 인사 책임자로서 수많은 사람들을 평가하며 내린 결론은 '누구에게 일을 배웠는가, 일을 어떻게 배웠는가'가 너무나 중요하다는 사실이다. 3년 차 미만은 자신의 업무조차 완벽하게 적응하지 못했기 때문에 누구에게 배우는지보다 얼마큼 적응했는지가 중요할 수 있다. 하지만 적응이 끝난 3년 차부터는 '어떻게 성장할 것인가'에 대한 분명한 기준점이 필요하다. 주위를 둘러보자. 선임이 나와 비슷한 일을 하고 큰 차이가 없어 보인다면, 나의 미래 또한 큰 차이가 없을 확률이 높다. 그러나 한두 명을 보고 속단하지 말기를 바란다. 앞서 이야기한 것처럼 나만 성장하지 못한 것일 수 있고, 성장하지 못한 사람만 보고 오판할 수도 있기 때문이다. 충분히 고민하고 검토해보자. 일하는 방식이나 관점, 성과의 크기, 권한의 복잡성과 같은 능력이 5년 차의 것과 3년 차의 것이 크게 다르지 않다면 시간이 흘러도 아무런 전문성을 갖추지 못할 것이다. 보통 이런 상황은 나에게도 동일하게 반복된다. 이런 경우에는 적극적으로 이직을 준비해야만 한다.

5년 차 이상 체크리스트

5년 차 이상은 태도와 경험만으로 이야기할 수 있는 연차가 아니다. 5년 차, 7년 차, 10년 차, 20년 차 모두 경력에 걸맞은 리더십 역량을 갖추어야겠지만, 기본적인 전문성이 바탕이 되어야 한다. 업무적인 전문성 없이는 경쟁력을 논하기 어렵기 때문이다. 그렇기에 5년 차 이상부터는 경력 기술서 하나만 가지고도 사람을 분명히 판단할 수 있다. 3년 차까지는 환경과 태도가 성과에 미치는 영향이 크기 때문에 경력 기술서를 다양하게 해석할 수 있지만, 5년 차 이상의 경력자가 환경을 탓하면 프로정신이 부족해 보인다. 5년 차 이상의 모든 직장인들이 Professional일 수는 없겠지만, 적어도 Professional의 관점을 가지려고 노력해야 하고, 잠깐이더라도 그렇게 일해본 경험이 있어야만 한다. 그 한두 번의 경험이 있느냐 없느냐에 따라 향후 커리어가 굉장한 차이를 보이기 때문이다.

1 시장에서 인정해줄 만한 경력 기술서를 가지고 있는가?

5년 차 이상은 실력으로 말해야 한다. 실력이 있는가 없는가에 대한 직관적인 질문은 '나의 성과를 숫자 혹은 결과물로 이야기할 수 있는가, 아닌가'이다. 너무나 당연하게도 숫자와 결과물은 시장에서 인정할 수 있는 수준이어야만 한다. 한 분야에서 5년 동안이나 일한 사람이 비교 값조차 없다면 매우 안타까운 일이다. 여기서 말하는 비교 값이란 시장의 모든 값을 산출해낸 값이 아니라, 적어도 나의 평가지표는 무엇이었고, 나의 목표는 무엇이었는지를 설명할 수 있는 값을 말한다. 내가 설정한 목표와 실제로 목표에 다가간 나를 비교하는 값이다. 그 목표가 있었는지 없었는지에서부터 대화는 시작된다. 목표 다음에 따라오는 게 숫자의 규모와 크기이다. 다음 챕터인 경력 기술서 체크리스트 파트에서 자세하게 다루겠지만, 숫자 혹은 결과물로 말할 수 없는 경력을 우리는 '물경력'이라고 말한다. 지금까지 비교 값이라는 개념 없이 주어진 일에만 몰두했을 수도 있다. 그러한 경우라도 이직이 불가능하지는 않다. 여러 차례 이야기했지만, 이직은 수단이지 목적이 아니다. 누군가 '이직을 왜 하는지' 묻는다면 반드시 내가 어떤 성장을 했는지를 곁들여 대답할 수 있어야 한다. 나의 경력이 물경력이라고 생각한다면, 이직도 좋지만, 지금 당장 도전 할 수 있는 목표에 먼저 도전해보자. 그렇다면 나의 이직은 성장하는 이직이 될 뿐 아니라, 연봉상승과 더 나은 처우를 덤으로 받게 될 것이다. 나의 경력을 냉정하게 다시 돌아보자. 지금은 비슷한 곳으로 수평이직 할 때인가? 아니면 잘 준비해서 점핑을 해야 할 때인가?

2 회사에서 성장의 한계에 부딪혔는가?

3년 차까지는 적응을 위해서 정신없이 달렸을 수 있다. 그리고 타이밍을 놓쳤다면 5년 차까지 연장되었을 수도 있다. 괜찮다. 그러나 지금 나의 커리어가 성장의 한계에 부딪혔다고 느낀다면 더 이상 이직을 미루어서는 안 된다. 현실을 인식한 지금이 가장 빠르고 가장 정확한 타이밍이다. 5년 차 이상부터 달라지는 것은 리더십 역량이 대부분이다. 리더십 역량의 핵심은 의사소통인데, 그 이유는 회사에서 일하는 모든 사람들은 특정한 규칙과 문화 안에서 의사소통을 하기 때문이다. 한 회사에서 10년 이상의 경력을 쌓으면 이직이 어려워지는데, 그 회사만의 의사소통 방식이 굳어지기 때문이다. 10년 차 이상이라고 이직이 불가능한 것은 물론 아니다. 하지만 케이스 자체가 흔하지 않고, 이직에 성공하더라도, 의사소통 역량을 갖추었거나, 환경변화에 잘 적응하는 경우였다.

내가 최선을 다해서 노력했음에도, 회사의 성장이 멈추었거나 공통 체크리스트에서 언급했던 여러 가지 이유들로 성장의 한계에 부딪혔다면 적극적으로 이직을 준비해야 한다. 이때부터 검토 가능한 옵션은 창업이다. 창업에 성공하는 대부분의 CEO들은 조직을 경험해 보았고 기술뿐만 아니라 사람에 대한 이해가 높은 경우였다. 내가 아직 창업할 준비가 되지 않았다고 느낀다면 조직 내에서 충분히 연습하고 훈련받기를 권면하고 싶다.

고민살롱 #2

Q. 상사의 변덕과 가스라이팅 때문에 너무 힘들어요

안녕하세요. 저는 회사에 입사한 지 1년 차인 직장인입니다. 첫 직장이라 일을 배운다 생각하고 참고 견뎠지만, 계속되는 상사의 변덕과 가스라이팅 때문에 너무 힘이 듭니다.

상사는 "너는 대학도 안 나왔고 경력도 없어서 말귀를 못 알아듣는다" "너는 내가 무슨 말을 하는지 모를 거니까 그냥 내가 시키는 대로만 해라"라고 저를 비하하며 업무를 지시합니다. 그러고는 제가 업무를 하면 소리를 지릅니다. "내가 몇 번을 얘기해?" "왜 그렇게 했는데?" "왜인지부터 물어보지!"

선배들도 제가 잘못했다고 "너도 그렇게 하면 안 되지." "네가 하는 게 뭐가 있어? 청소도 네가 막내니까 더 많이 해."라고 면박을 줍니다. 시종으로 들어간 것도 아니고 저도 거래처가 있고 선배들처럼 빠르지 못하지만 전표 입력도 하고 있는데, 제가 하는 일 모두 무시하고 청소, 쓰레기통 비우기, 신문지, 심부름까지 잡다한 일을 다 시킵니다.

많은 업무로 인해 야근 강요, 휴무 반납은 당연시되어 제 삶 자체도 없습니다. 그런데 상사가 저에게 마음에 안 드는 부분이 생길 때마다 막내라는 이유로 저만 혼내고 업무가 늘어납니다.

그만둘 거라는 생각도 많이 했습니다. 근데 그걸 알아챘는지 상사가 전 직원 앞에서 제가 이 회사에 붙게 된 이야기를 하더라고요. 제가 너무 불쌍해서 내가 뽑아준 거라는 식으로요.그 말을 듣고 저는 '아 맞네, 맞지. 면접을 여러 군데 봤었는데 나를 뽑아준 곳은 없었지'라는 생각하게 됩니다.

이런 식으로 저를 아무것도 못 하고 자기가 없으면 아무것도 아닌 사람으로 만들어 버렸습니다. 벗어나고 싶은데 자신감이 바닥이라 헤어나오지 못하겠습니다.

A.

우선 가스라이팅에 대해서 면밀히 생각해봐야 한다. 하기 싫은 일을 시킨다고 모두 가스라이팅은 아니다. 가스라이팅은 거짓말이고 조종이고 속임수 같은 것이다. 제일 큰 특징은 판단력을 흐트러뜨린다는 점이다. 1 더하기 1이 2임을 헷갈리게 만들 정도로 상식을 무너뜨리는 정도가 되어야 가스라이팅이라고 말할 수 있다. 상사의 언행이 이 정도 수준이 아니라면, 단순히 적응하기 위해 거쳐 가는 과정이라고 볼 수도 있다.

그러나 오늘 내용은 가스라이팅에 해당되는 상황이다. 필자도 오늘의 사연처럼 힘들었던 시절을 겪었었다. 다시 돌아가고 싶지 않은 시절이다. 사연 보내주신 분은 인격모독을 넘어서서 완전히 존재 자체를 부정당하는 수준의 학대를 당하고 있다. 노예 같은 생활이다. 그리고 본인도 이를 인지하고 있다.

필자가 확신하는데, 이 상사는 인성이 덜 되었다. 그리고 인사에 대한 기본적인 개념조차 없는, 리더십으로서의 기본 자질이 안 된 인간이다. 이런 경우에는 빨리 퇴사하는 게 좋다.

그러나 안타깝게도, 상사의 가스라이팅 정도가 심해 사연 보내신 분의 의존성이 높아진 상황이다. 심리적으로 상사가 없거나 상사의 컨펌 없이는 아무것도 못 한다. 상사의 이런 행동은 정말 잘못된 행위이다. 이런 기간이 길어지면 굉장히 총명했던 사람도 멍청해질 수밖에 없다. 사고하고 판단하는 능력을 상실하게 되기 때문이다. 뇌가 스스로 더 이상 생각하면 안 된다고 인식한다. 이 정도 수준이면 굉장히 위험한 상황에 처하게 된다.

필자는 아주 명확하게 또 아주 단호한 어조로 당장 그만두라고 말하고 싶다. 상황이 더욱 악화되면 인생에 있어서 돌이킬 수 없는 어려운 상황으로 빠져들어 갈 수도 있기 때문이다.

심리가 한번 무너지면 회복하는데에 무너지는 것보다 더 많은 시간이 소요된다. 1년 다녔으면 충분하다. 이런 경우에는 커리어를 신경 쓰는 게 사치이다. 나는 커리어를 중요하게 생각하기 때문에, 웬만하면 퇴사를 권하지 않는다. 필살기를 준비하고 성공 경험을 더 쌓아서 이직을 준비하라고 권고하는 게 보통인데, 지금은 그럴 처지가 아니다. 빨리 퇴사하고 자존감과 존재감을 회복할 시기이다.

우선 퇴사를 하고 재충전의 시간을 가져보라. 유튜브나 넷플릭스 게임으로 시간을 허비하지 말고, 아날로그 방식으로 삶을 살아보라. 책도 읽고 운동도 하고, 상황이 여의찮으면 걷기도 괜찮다. 사람들도 만나보고 여행도 다니면서 자신만을 위한 시간을 가지자. 그리고 자신만을 위한 공간으로 떠나보라. 마음이 쉴 수 있도록. 어느 정도 마음이 추스려졌다면, 아주 작은 목표라도 성취해내는 경험을 쌓기를 권한다. 대단한 목표를 생각할 필요 없다. 예를 들어, 핸드폰을 들고 사진을 찍는다던가 새로운 취미생활을 익혀본다던가. 의미 있는 성취를 하는 데에 시간을 써보라.

마지막으로 이 모든 과정 중에, 내가 가진 것 또는 감사 포인트를 찾아보자. 물론 지금 처한 상황이 감사할만한 상황은 아니다. 그 상황을 빨리 벗어나서 마음을 새롭게 하고, 세 가지 점검 포인트를 돌아보자.

첫 번째, 없는 것보다 있는 것. 우리는 생각보다 없는 것보다 있는 게 많다. 건강, 절대빈곤에서 벗어날 수준의 돈, 취미, 멘토 등. 지금까지 내가 겪었던 어려움에 허우적거리면서 '내가 왜 이런 걸 못 했을까' '나는 왜 이런 능력이 없을까' '왜 이런 공부를 못 했을까'라고 자기를 비하하는 게 아니라, 그럼에도 불구하고 지금까지 나에게 있었던 것, 주어졌던 것들에 대해서 새롭게 생각해보고 적어보라. 적다 보면 생각보다 많다는 것을 알게 될 것이다.

두 번째, 내 경험 중에 남들이 아직 못해본 경험. 내가 경험했던 것도 못 해본 사람이 생각보다 많다. 취업 못 해본 사람도 많다. 물론 현재 처한 상황이 감사하기 쉬운 상황은 아니다. 그러나 그 과정에서 내가 했던 경험을 어떻게 더 살릴 수 있을지를 감사 리스트로 뽑아볼 수 있다. 감사 리스트는 많이 뽑을수록 좋다. 매일 하루에 하나씩 뽑아보자.

세 번째, 지금까지 무탈하고 건강하게 살 수 있었던 것, 그리고 고통스럽고 힘든 시간을 보내면서 어떤 교훈을 얻을 수 있었는지 찾아보라. 필자는 감사 포인트를 짜는 이 세 가지 관점을 없, 위, 앞으로 이야기한다. 없는 것부터 있는 것. 위보다 아래. 앞보다 뒤를 보는 것. 이 세 관점을 가지고 감사 일기나 그날 하루하루를 돌아보면 자신만의 감사의 포인트를 찾게 된다. 감사할수록 자존감도 높아지고 재충전하는 데에도 도움을 얻을 수 있다.

회복 기간을 너무 오래 갖는 것도 좋지 않다. 퇴사 후에 공백기를 맞기 때문에, 한 달 정도를 푹 쉬면서 새로운 경험, 새로운 학습, 새로운 만남들에 도전해 보라고 말한 것이다. 한 달 정도 뒤에는 재취업을 준비하기를 바란다. 참 쉽지 않은 상황이지만, 분명히 이 과정을 돌파할 수 있을 것이다. 환경을 바꿈으로써 새로운 도전을 할 수 있기를 바란다.

고민 살롱 영상 바로가기 >

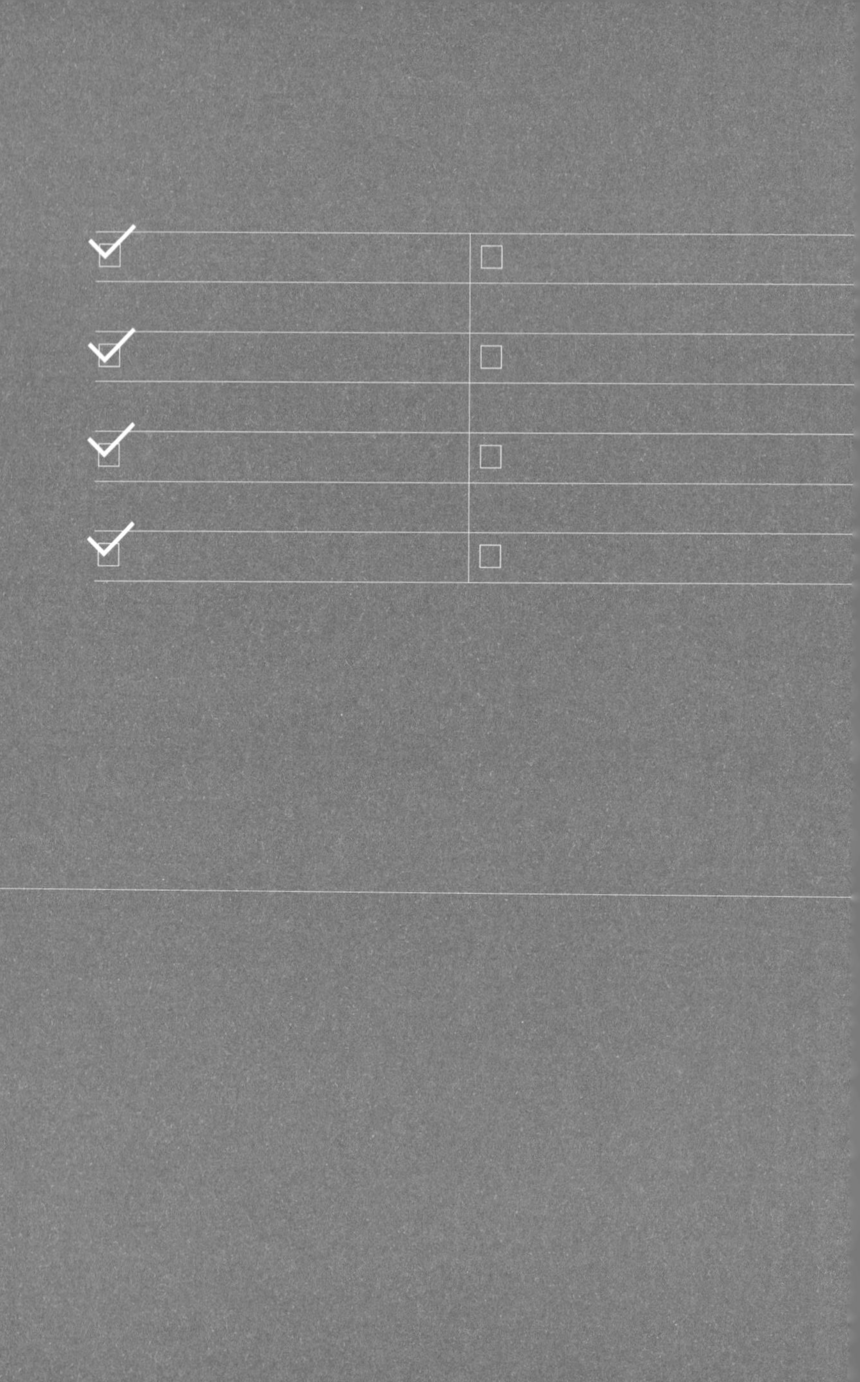

STEP 4

면접관이 뽑고 싶은 경력기술서 작성 방법

경력 기술서와 물경력 진단

나의 경력을 진단하는 방법 : 경력 기술서

이직을 결심했다면 나의 위치를 정확히 진단할 필요가 있다. 병원에 가면 제일 먼저 진단을 하고 그에 맞게 처방하듯이, 커리어도 진단부터 올바르게 해야 한다.

이직에 앞서 각자의 상황이 다를 것이다. 커리어의 성장을 염두에 두며 늘 의식적인 연습과 훈련을 거친 사람일 수도 있고, 아무런 생각 없이 시간을 보내다가 이직을 준비하는 사람일 수도 있다. 어떤 경우건 간에 중요한 점은 나의 커리어를 경쟁력 있게 만들고 표현하는 방법이다. 이때 기준이 되는 게 경력 기술서이다. 많은 사람들은 이직 시에 회사의 요구에 의해서 경력 기술서를 작성하지만, 시간이 부족하거나 작성 방법을 몰라 당황하는 경우가 많다. 이번 챕터를 통해서 당장 눈앞에 닥친 이직을 포함하여, 장기적인 안목으로 커리어를 진단하고 방향성을 잡는 기준점으로서의 경력 기술서를 작성해보자.

경력 기술서를 작성하는 이유

업무도 쌓이고 회사생활로 바쁜데 굳이 경력 기술서를 미리 작성해야 하냐고 반문할 수도 있다. 그러나 경력 기술서를 작성하는 과정에서 우리는 많은 유익을 얻을 수 있다. 먼저 생각을 정리시킬 수 있다. 경력 기술서를 작성하며 나의 커리어를 피드백할 수 있다면 이것은 이직 이상의 큰 의미를 가진다. 경력 기술서를 작성할 때, 성과와 역할에 분명한 초점을 두어야 한다. 의식적인 노력을 하지 않는다면 내가 무엇을 위해서 일하는지 알 수 없고, 어떤 목표를 향해 열심히 달렸어도 보다 큰 차원의 방향성을 잃어버릴 수 있다.

성과와 역할에 맞추어 경력 기술서를 작성하다 보면 숲과 나무를 모두 보게 된다. 경력을 한 칸, 한 칸 채워가면서 당시의 경험들을 디테일하게 들여다볼 수 있고, 만약 유사한 경험을 하게 된다면 이번에는 어떤 도전을 하겠다는 자연스러운 피드백도 내놓게 된다. 경력 기술서를 완성하고 나서 전체적인 히스토리를 되돌아보면, 내가 어떤 분야의 전문가로 성장하고 있는지 커리어의 큰 그림을 그릴 수 있다. 매년 매달 만들어지고 있는 나의 경력은 어느 한순간에 바뀌지 않는다. 연속적인 도전과 학습을 통해서만 더욱 완성도 높은 경력을 쌓을 수 있다.

그래서 나는 경력 기술서를 정기적으로 작성하라고 제안한다. 매달 작성하는 것이 가장 좋지만, 경력 기술서에 대한 과도한 관심은 오히려 나를 조급하게 만들 수 있기 때문에 6개월에 1번 혹은 1년에 1번 정도 결산하듯이 경력 기술서를 업데이트하라고 제안하고 싶다. 이렇게 잘 관리된 경력 기술서는 특별한 기회가 왔을 때 별다른 어려움 없이 곧바로 이직 기회를 잡게 만드는 강력한 무기가 된다. 또한 스스로의 경력을 정리하면서 알게 된 이력은 나에게 근거 있는 자신감을 불어넣어 준다. 면접에서 가장 중요한 것은 자신감이고 그 자신감에는 근거가 필요하다. 경력 기술서가 자신감의 구체적인 근거를 제공하는 것이다.

이직은 나의 경력과 내 안에 만들어진 관점을 마케팅하는 것이다. 마케터가 자신이 홍보하는 상품에 대해서 자신 없고 냉소적이라면, 과연 누가 그 물건을 구매하고 싶을까? 우리가 물건은 아니지만 우리의 성장을 위해서는 분명히 경력을 잘 다듬고 관리해야 한다.

수많은 직장인들이 자신의 커리어를 개발시키기 위해 많은 돈을 들여 직무 교육을 수강한다. 하지만 우리가 이미 경험한 바와 같이, 교육을 듣는다고 커리어가 바뀌지는 않는다. 커리어 관리는 수능시험처럼 시험 일자나 기한이 있지 않다. 진정한 커리어 관리는, 인생 전반에 걸친 장기적인 관점에서 내 삶의 일부를 꾸준히 가꾸는 것이다. 건강을 관리하고 내 삶의 루틴을 만드는 것처럼 경력 기술서를 통해 나의 커리어를 진단하고 관리하자.

물경력 진단

영어 공부를 열심히 했더라도 막상 외국인을 만나면 당황스러움에 입이 마음처럼 움직이지 않기도 한다. 경력 기술서 작성도 마찬가지다. 경력 기술서 작성이 막막하게 느껴지기도 하지만 괜찮다. 우리는 이미 여러 형태로 일했고, 나름의 전문성을 갖춰 가고 있었다. 단지 문서로 정리하는 작업에 익숙지 않을 뿐이다. 경력을 글로 정리해본 경험이 없기 때문에 어색하게 느끼는 게 당연하다. 당황할 필요가 전혀 없다.

하지만, 만약 경력서에 적을만한 내용이 없고, 회사에서 시간만 때웠었다면 정말 곤란하다. 수많은 직장인들을 컨설팅하면서 알게 된 이직의 암초가 있는데, 그것은 바로 물경력이다. 경력 기술서를 작성하기 어렵다면 자신의 경력이 물경력인지 다음 챕터를 통해 진단해 보길 바란다. 여기서 주의할 점이 하나 있다. 누군가는 본인의 경력이 물경력이라고 생각할 수도 있다. 설령 그 생각이 진실이라 할지라도, 꼭 경력 기술서 작성에는 도전해야 한다. 억지로라도 문서를 작성하면서, 물경력을 반복시키지 않기 위해, 시간을 활용할 방법을 찾아내야 한다.

다음 질문에 동의한다면 하나씩 체크해 보자.

< 연차별 물경력 진단 >

☐ 숫자로 설명할 수 있는 성과가 없다.

☐ 내 직무 KPI가 무엇인지 모른다.

(KPI = Key Performance Indicator = 성과지표)

☐ 진행한 프로젝트/업무의 Before/After가 명확하지 않다.

☐ 성과를 달성하기 위해 구체적으로 어떤 역할을 수행했는지 설명할 수 없다.

☐ 연속 근무 기간이 1년 미만이다.

☐ 최근 3년 내 2곳 이상으로 이직했다.

☐ 동기나 동일 연차에 비해 승진이 늦다.

하나씩 점검해보았는가? 어떤 생각이 드는가? 7가지 질문 중 4개~5개 이상 체크했다면, 시장에서 말하는 물경력일 확률이 높다(직무나 산업, 연차에 따라서 숫자로 정확히 표현할 수 있는 요소가 다를 수 있기 때문에 4개에서 5개 이상이라고 기준을 제시했다). 체크 된 숫자가 많을수록 경력 관리가 미흡하다는 뜻이다. 그러나 물경력이라 할지라도 포기하지 말자. 지금 내가 있는 곳에서부터 하나씩 도전하면 금방 불경력으로 전환할 수 있다. 무턱대고 퇴사하기보다, 기다리면서 이직을 준비하라고 제안한 이유가 여기에 있다. 막상 퇴사하고 나면 커리어를 보완, 발전시키고 싶어도 도전할 수 있는 운동장이 사라져서 할 수가 없다. 퇴사 이전에 반드시 퇴사 타이밍 체크리스트를 점검하고, 물경력 진단을 통해서 나의 위치를 정확히 파악해보자.

자 이제 각 체크리스트를 간단히 살펴보도록 하자.

물경력 진단 체크리스트

1 숫자로 설명할 수 있는 성과가 없다.

전문가와 아마추어의 차이는 '결과로 말하는가? 노력으로 말하는가?'이다. 전문가는 자신이 얼마나 노력했는지와는 상관없이 결과물로만 설명한다. 반면에 아마추어는 자신이 느꼈던 감정과 열심을 강조한다. 감정과 열심은 측정할 수 없을 뿐만 아니라, 누군가와 비교할 수도 없는 상대적인 개념이다. 누군가는 며칠씩 밤을 새우고 하루 24시간을 쏟아부어야 열심히 했다고 여기는 반면, 평소에 아무것도 안 하던 사람이 한 시간씩 고정적으로 무언가를 해놓고 열심히 살았다고 말하는 사람도 있다. 다소 극단적인 비유처럼 보일 수 있지만 실제 인사 책임자로서 수많은 사람들을 평가하면서 깨달은 사실은, 위와 같이 극단적인 사례가 회사에서는 너무나도 빈번히 등장한다는 것이다.

그래서 전문가의 세계에서는 비교적 신뢰할 수 있는 '숫자'로 이야기하는 방식을 선호한다. 투입한 에너지(input)에 비해 결과물(output)이 어떠한지를 분석하는 것이 생산성이다. 물론 숫자가 모든 것을 정확하게 설명해줄 수는 없다. 하지만 숫자만큼 객관적으로 설명할 수 있는 도구도 없다. 생산성을 증가시키기 위해서는 반드시 비교 대상이 필요한데, 기준점을 잡기 위해서라도 숫자는 필수적이다. 그래서 우리는 내 업무를 통해서 어떤 숫자가 바뀌는지를 인지하고 있어야 한다. 숫자로 측정하고 관리하는 방식은 전문가의 기초라고 말할 수 있을 것이다.

2 직무의 KPI 가 뭔지 모른다.
(KPI, Key Performance Indicator = 성과지표)

앞서 숫자로 성과를 관리하는 이유에 대해 알아보았다. 사실 숫자로 나의 업무를 관리하는 것은 상당한 집중력과 분석을 요한다. 어렵게 숫자를 찾아도, 상황과 환경에 따라서 계속 지수를 수정해야 한다. 이 번거로운 과정에 도움을 주는 지표가 KPI이다. 감사하게도, 수많은 인사 전문가들이 직무를 분석해서 성과를 지표화해두었다. KPI는 조직이 나아가야 할 방향을 지표와 숫자로 정리해둔 내용이기 때문에, 많은 기업들이 이 지표를 기준 삼아서 목표를 설정하기도 한다.

KPI가 제시한 지표들은 각자의 업무를 관리하는 데에 적절한 가이드라인을 제시해준다. 물론, 제시된 지표가 실제 나의 업무와는 적절하지 않을 수도 있다. 그렇다고 KPI를 내팽개치지는 말자. 중요한 점은 성과를 평가하는 큰 틀에서의 원리는 동일하다는 것이며, 이 세상에서 내 직무를 완벽히 반영하는 절대적인 지표도 없기 때문이다. 내 업무에 적합한 성과 지표가 무엇인지를 찾고, 참고 정보 정도로 활용해보기를 추천한다. KPI에서는 적절한 지표를 찾을 수 없더라도, 이를 참고해 유사한 지표를 개발하여 커리어를 관리할 수도 있다.

3 진행한 프로젝트/업무의 Before/After가 명확하지 않다.

커리어의 경쟁력을 갖추기 위해서 우리가 진정으로 얻고자 하는 것이 무엇일까?

직업은 단순히 돈벌이의 수단일까? 돈을 벌고 경제 활동에 참여시키는 것은 직업의 기초적인 기능이다. 더 높은 차원에서, 일은 나의 존재감과 위치, 영향력을 확보해 나가는 과정이 된다. 아마추어들은 종종 이 사실을 놓친다. 그래서 정해진 일과 정해진 시간을 사수하는 데에만 중점을 둔다. 이런 사고방식은 자신을 조직의 충실한 톱니바퀴로 바치게 한다. 아니, 어쩌면 톱니바퀴로 살겠다는 의지적 결정을 포함했을 수도 있겠다. 우리가 정말 되고 싶은 게 조직의 톱니바퀴인가? 나는 결코 그럴 수 없다고 확신한다.

내 확신에 동의한다면, 어떤 업무를 수행하거나 역할을 맡았을 때, 맡은 바에 대한 의미를 재정의할 필요가 있다. 어떤 업무를 수행했다면 반드시 변화가 있어야 한다. 물론 입사 초기에는 문제를 일으키지 않고 실수하지 않는 것이 중요하겠지만, 그것은 어디까지나 기초적인 과정이다. 역량이 생기고, 영향력이 커질수록 이끌어야 할 변화의 폭은 커진다. 그래서 업무 혹은 프로젝트를 시작하기 전에 '나는 무엇을 변화시키고, 무엇을 남길 것인가'을 고민해야 한다. 실천 방안 또한 계획해야 한다.

이러한 변화를 구체적으로 작성하는 것이 목표설정이다. 목표를 달성한 후에 남기는 것이 경력 기술서이다. 그래서 경력 기술서는 내 커리어의 족적이며, 나의 히스토리라고 설명할 수 있다.

4 성과를 달성하기 위해 구체적으로 어떤 역할을 수행했는지 설명할 수 없다.

회사는 다양한 사람들이 모여서 함께 목표를 달성하는 조직이다. 그러다 보니 경우에 따라서는 아무런 기여와 역할이 없어도 조직의 구성원으로 남아있는 사람들이 있다. 본인이 기여하지 않더라도, 동료들의 헌신으로 회사의 목표가 달성되기 때문이다. 그런데 이직은 팀 단위로 하는 게 아니라 개인 단위로 한다. 한 팀 전체가 이직하지 않고, 팀의 구성원이 이직한다는 뜻이다. 면접관의 역할은 자신이 속한 조직에 기여할 사람을 가려내는 일이다. 그렇기에 이직자 면접에서 지원자가 팀에 얼마나 기여했는지, 만약 큰 기여 없이 그저 자리를 채운 프리라이더(Free-rider)는 아닌지 면밀히 따져보게 된다.

당신이 회사에 기여하지 않는 사람이라고 가정해보겠다. 아무런 기여를 하지 않은 채로 조직에 속해있는 것이 처음에는 눈치도 보이고 불편하고 어색할 것이다. 그러나 시간이 지나면 불편함은 차차 익숙해진다. 익숙함에 안주하게 되면, 무언가를 주도하거나 기여하는 위치를 피하게 된다.

최근에 많은 직장인들이 '내가 무엇을 잘하는지 모르겠어요'라는 질문을 하는데 이것은 강점에 대한 인식이 있기 때문에 가능한 질문이다. 누구나 자신만의 강점으로 일할 때 남들이 달성할 수 없는 업적을 세울 수 있다. 누군가가 자신의 강점을 알아보아 주고 그 강점을 잘 활용해 주기를 바라는 마음은 모든 직장인의 바람이다. 강점을 사용하면 일이 수월해질 뿐 아니라, 재밌어지고 결과 역시 훌륭해지기 때문이다. 이것은 성과를 달성했다는 성취감과 동시에 일에 대한 보람과 의미를 가져다준다. 강점을 사용하는 사람은 반드시 역할을 맡게 된다. 자신이 어떤 역할을 했는지도 모른다면, 그것은 강점을 사용하지 않았을 뿐만 아니라 오히려 다른 사람들의 일을 방해했을 확률이 높다.

내가 조직에 어떤 기능을 했는지 정확히 판별하는 질문이 있다. '해당 업무 혹은 프로젝트에서 내가 빠져도 문제가 없는가?' '다른 사람이 충원되어도 대체할 수 없는가?' 이직을 생각 중인 각자가 모두 답해보기를 바란다.

5 연속 근무 기간이 1년 미만이다.

이 문항에서 중요한 것은 이직의 횟수이다. 몇 번은 이직할 수 있지만, 너무 짧은 텀으로 여러 번 이직 한 기록은 매우 부정적이다. 어느 회사에서도 적응하지 못했다고 해석할 수 있기 때문이다. 짧은 근속기간은 회사 적응에도 무리가 있을 뿐 아니라, 규모 있는 성과나 지속적인 성과에 아무런 기여를 하지 못했음을 뜻한다.

이런 상황의 대책은, 메인 커리어가 어느 회사에 있는지 설명하는 방법이다. 총 5년의 경력을 가지고 있고, 다섯 번의 이직을 했더라도 한 기업에서 3년 이상 근무했다면 그 기업의 경력을 메인 경력으로 평가할 수 있다. 하지만 같은 조건에서 1년을 넘게 다닌 기업이 하나도 없고 심지어 공백기까지 가지고 있다면 심각한 상황이다. 자신이 수 차례 보여준 히스토리가 본인의 다음 선택을 알려 주기 때문이다. 현대 채용 기술은 과학적 사고에 기반하는데, 과거 데이터를 활용하여 미래를 예측하는 방식이다. 내가 아무리 이 회사에 뼈를 묻을 것이라고 호언장담해도, 축적된 데이터는 또다시 금방 떠나갈 것이라고 말하고 있다. 그래서 경력관리는 신중해야 한다. 이직은 본인의 이직 이력까지 고려해서 결정해야 한다.

6 최근 3년 내 2곳 이상으로 이직했다.

이 문항의 전제조건이 있다. 5년 이상의 경력이다. 수년간 근무했던 메인 커리어가 있다고 할지라도, 최근에 이직을 자주 했다면 커리어의 한계에 부딪혔거나 개인적인 어려움에 처했다고 추측할 수 있다. 애초에 프리랜서이거나, 컨설턴트 같은 프로젝트 베이스로 일하는 직무가 아니라면 잦은 이직은 상식적이지 않다. 잦은 이직을 원하는 기업은 거의 없을 뿐만 아니라, 고용 안정성을 매우 중요하게 생각하는 현대 직장인의 문화와도 맞지 않기 때문이다. 3년 내의 잦은 이직 이력이 있다면 회사는 충분히 의아하게 생각할 수 있다.

7 동기나 동일 연차에 비해 승진이 늦다.

앞선 여러 문항에 해당되지 않더라도 7번에 해당한다면, 회사가 당신의 경력에 의문을 가질 수 있다. 동기들에 비해서 승진이 1-2년 정도 늦은 경우는 문제 되지 않는다. 하지만, 현격히 늦어진다면-이해를 돕기 위해 5년 이상 차이 나는 경우라고 가이드를 주고 싶다-잘 작성된 경력 기술서를 제시해도 회사는 신뢰하기가 어려워진다. 모든 기업은 일을 잘 하는 사람 즉, 성과를 내는 사람들을 중용하고 그에게 많은 책임을 맡기고 싶어 하기 때문이다. 우리가 항상 경력 기술서를 생각하고 사는 것이 아니기 때문에 경력 기술서가 다소 어설픈 것은 이해할 수 있지만, 승진 자체가 매우 늦어지는 것은 실제 회사생활에 문제가 있다고 해석할 수 있다.

경력 기술서 작성 프로세스

이제 본격적으로 경력 기술서를 작성해보자. 경력 기술서 작성법은 이력서와 자기소개서 작성법과는 다소 다르다. 정확한 수치와 팩트를 제시해야 한다는 면에서 이력서와 비슷하지만, 어떤 경험을 선택하고 어떤 것을 강조할지를 결정할 수 있다는 차이가 있다.

기업이 경력 기술서를 요청하는 이유는, 경력에 대해서 핵심 내용만 간단하게 파악하고자 함이다. 경력을 쉽게 표준화할 수 없고, 사람마다 표현하는 방식이 다르기 때문에 서술형의 문서보다는 개조식으로 작성된 핵심 내용만 파악하고 싶은 것이다. 그럼에도 불구하고 자기소개서를 쓰는 것 같이 자신의 이야기를 일대기처럼 작성하면, 기본적인 의도 파악이 부족해 보인다고 평가할 수 있다. 물론, 이력이 매우 화려하고 모두가 알 수 있을 만한 프로젝트를 수행하는 경우에는 예외일 수 있겠지만, 대다수의 직장인들은 자신의 이력을 잘 정리해서 어필해야 한다.

경력 기술서 완성을 위해 활용할 수 있는 단계와 양식을 준비했다. 이 프로세스가 정답이라기보다, 위에서 말한 의도를 가장 잘 표현하는 방법에 가깝다. 기업에서 요청하는 양식이 있는 경우, 의도에 맞게 정보를 옮겨 적으면 된다. 대부분의 기업이 양식을 제공하지 않고 '경력 기술서를 제출하시오'라고 간결하게 요청하기 때문에 아래의 경력 기술서 작성 프로세스를 적극 활용할 수 있을 것이다.

1단계 경력 기술서를 위한 소재 준비하기 : 경험 리스트업

경험 리스트업 경력 기술서에는 나의 모든 경력을 상세히 기입하지 않는다. 자기소개를 할 때 가장 임팩트 있는 경험을 중심으로 소개하는 것처럼 짧고 굵게 작성한다. 경력이 길수록 많은 내용을 적어야 한다고 생각할 수 있지만, 실제 평가하는 입장에서는 핵심적인 내용만을 보고 싶어 한다. 무엇이 핵심적인 경험이고 무엇을 먼저 제시해야 하는가에는 기준이 필요하기 때문에, 경력 기술서를 작성하기 전에 경험을 리스트업 해보라고 제안하고 싶다. 업무 기간이 성과로 꽉꽉 차면 좋겠지만, 우리가 현실적으로 제시할 수 있는 경력은 제한적일 수밖에 없다. 경험 리스트업을 통해서 나를 대변할 수 있는 경력을 뽑아내자. 다음에 제시할 템플릿을 활용하여 나의 경력들을 적어보고, 그중에서도 성과로 인정받을만한 경력을 먼저 정리 해 보자.

1-1 단계: 경험 리스트업 템플릿을 활용하여 주요 활동 정리하기

처음 경력 기술서를 작성한다면 지금까지의 주요 활동들을 먼저 정리한다.

구분	프로젝트별	연차별	회사/부서별
성과물1			
성과물2			
성과물3			
성과물4			
성과물5			

기억을 돕기 위해서 3 분류로 나누어 프로젝트별, 연차별, 부서별로 어떤 일을 했는지 간단히 적어보자. 이직한 경우라면 회사별 경험을 나열해보라. 특별한 기준을 가지고 작성하기보다는 그 기간을 떠올렸을 때 가장 기억에 남는 성과 혹은 업무를 적는게 좋

다. 프로젝트별, 연차별, 부서별로 적다 보면 비슷한 경험들이 동시에 나열되기도 한다. 어차피 뒤의 단계로 넘어가면 중첩되는 경력을 분해하여 경력 기술서로 제시할 것이기 때문에, 비슷한 경험들이 반복되더라도 괜찮다.

'프로젝트별'이라는 표현이 어색하거나 익숙하지 않을 수 있다. 프로젝트는 업무 단위를 말한다. 대단히 거창한 프로젝트가 아니더라도 내가 참여했던 주요 업무라면 프로젝트로 생각하고 경험을 리스트업 해보자. 실제로 프로젝트를 운영하는 기업이 많지 않고, 프로젝트를 규정하는 정의도 회사마다 다르기 때문에 주요 업무라고 생각하면 쉽게 정리할 수 있을 것이다.

구분	프로젝트별	연차별	회사/부서별
성과물1	신입 채용 판별기 프로젝트	3년차 채용 판별기	그룹본부 채용팀 채용판별기 PJ
성과물2	입문교육 시스템	5년차 리더십교육 커리큘럼	그룹본부 HRD 핵심가치 내재화
성과물3	그룹 핵심가치 내재화 시스템	7년차 호텔인재혁신	건설사업부 직영시스템
성과물4	경력 채용 혁신 시스템	12년차 그룹 신직군체계	건설사업부 핵심인재 채용(임원급)
성과물5	직영 인력 양성 시스템		그룹 CHO 인사제도 재설계

1-2 단계: KPI 매칭하기

성과를 작성하는데 어려운 점은 무엇이 성과인지를 규정하기 어렵다는 점이다. 이때 활용할 만한 좋은 지표가 앞서 언급한 KPI 리스트이다. 내 직무를 어떤 지표로 평가하는지 참고한다면, 실제로는 지표를 따라서 일하지 않았더라도, 효과적으로 성과를 규정할 수 있다. 우리는 지금까지 수많은 직무에 지원하는 지원자들과 함께 성과지표를 조사해보았다. 여태까지 조사하고 정리한 내용들을 첨부하겠지만, 이것보다 훨씬 확실하고 강력한 것은 직접 성과지표를 조사해보는 것이다. 포털 사이트에 직무명과 KPI를 검색해보면 생각보다 많은 정보를 얻을 수 있다. 하지만 정보의 양이 방대하기 때문에 전체적으로 훑어보고 사용할 수 있는 지표를 찾아내는 데에만 집중하도록 하고, 처음 접하는 경우라면 Chat GPT를 사용하는 방법을 추천한다. 거의 모든 직무에 대한 KPI를 꽤 정확하게 조사해 볼 수 있는데, 지표와 간단한 설명까지 볼 수 있고, 검색 기준을 다르게 하여 더 나에게 적합한 성과 평가 기준을 찾을 수 있다.

* Chat GPT는 계속 발전되고 변형되고 있기 때문에, 집필 당시 기준의 화면으로 예시를 첨부한다. (23년 2월 기준)

[Chat GPT 사용 예시]

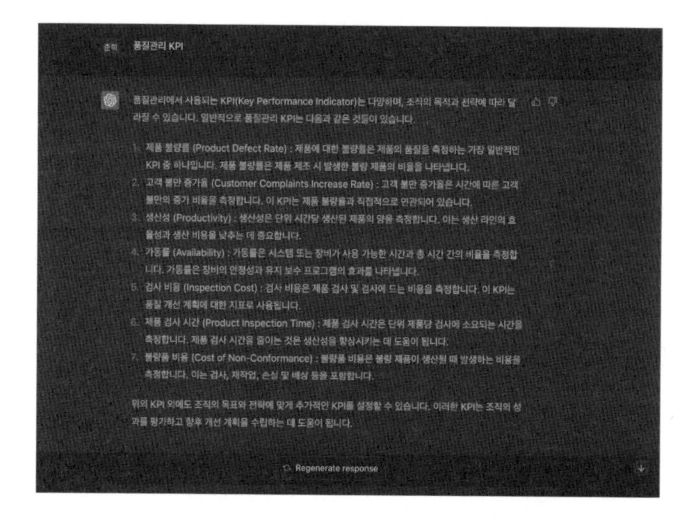

성과지표를 찾는 유용한 방법이 있다. 인터넷뿐만 아니라 비슷한 산업 혹은 직무를 수행하는 현직자들과 교류하는 방법이다. 평소에 직무 워크샵이나 네트워크에 참여해보기를 추천한다. 단순히 직장생활의 어려움을 토로하고 상사를 욕하는 모임에 출석하기보다는, 어떤 일에 도전하고 어떤 목표를 가지고 일하는지 조사하는 연습을 해보자. 너무 이상적이라고 느껴질지 모르겠지만 이상적인 커리어를 만들어가는 방법 중에서는 비교적 간단한 방법이기도 하다. 또 유익한 모임에 참여하고 조사하는 과정에서, 지금까지 내가 생각하지 못했던 전혀 다른 차원의 도전 기회를 만날 수도 있고, 연결이 일어날 수도 있다.

많은 사람들이 이직하는 대표적인 직무에 대해 조사했던 내용을 첨부한다. 모든 직무를 다 기입할 수 없어 아쉽지만, 직접 조사하고 정리하는 것보다 완성도가 높을 수 없으므로 참고용으로 삼고 실제로 직접 조사해보길 추천한다. 같은 의미에서, 수록한 내용 역시 직접 조사하는 과정을 통해 검증하고 적용해 보기 바란다.

[KPI 리스트 예시]

직무	KPI 리스트
영업	**1. 매출:** 회사의 매출액을 측정하는 지표로, 영업팀의 목표 달성 여부를 평가할 때 주로 사용됩니다. **2. 거래 수:** 영업팀이 매출을 올리기 위해 체결한 거래 수를 측정하는 지표입니다. 이는 영업 효율성을 판단하는 데 사용될 수 있습니다. **3. 고객 유치 비용(CAC):** 고객을 유치하기 위해 사용한 총 비용을 측정하는 지표입니다. 이는 회사의 마케팅 및 영업 전략의 효과성을 평가하는 데 사용됩니다. **4. 고객 이탈률:** 회사에서 소비자가 떠나는 비율을 측정하는 지표로, 고객 유지에 얼마나 성공적인지를 평가하는 데 사용됩니다. **5. 평균 거래 규모:** 영업팀이 체결한 평균 거래 규모를 측정하는 지표입니다. 이는 영업 부서의 성과를 평가하는 데 사용될 수 있습니다. **6. 거래 기간:** 영업팀이 거래를 체결하기까지 소요한 시간을 측정하는 지표입니다. 이는 영업 효율성과 고객 만족도를 평가하는 데 사용될 수 있습니다. **7. 고객 만족도:** 고객이 제품이나 서비스에 대해 만족하는 정도를 측정하는 지표입니다. 이는 회사의 고객 중심적인 전략을 평가하는 데 사용됩니다. **8. 새로운 고객 유치율:** 새로운 고객을 유치하는 데 성공한 비율을 측정하는 지표입니다. 이는 회사의 마케팅 및 영업 전략의 성공 여부를 평가하는 데 사용됩니다.

직무	KPI 리스트
품질관리	**1. 불량률:** 제품 또는 서비스에서 발생한 불량의 비율을 측정하는 지표입니다. 이는 제품 또는 서비스의 품질을 평가하고 개선하는 데 사용됩니다. **2. 불만 처리율:** 고객의 불만을 처리하는 데 성공한 비율을 측정하는 지표입니다. 이는 고객 만족도와 제품 또는 서비스의 품질 개선에 관련된 KPI입니다. **3. 수리율:** 제품 또는 서비스의 수리 비율을 측정하는 지표입니다. 이는 제품 또는 서비스의 내구성과 신뢰성을 평가하는 데 사용됩니다. **4. 검사 합격율:** 제품 또는 서비스의 검사 합격 비율을 측정하는 지표입니다. 이는 제품 또는 서비스의 품질을 평가하고 제조 과정에서 발생할 수 있는 문제를 예방하는 데 사용됩니다. **5. 생산량 대비 불량 발생 건수:** 생산량 대비 불량 발생 건수를 측정하는 지표입니다. 이는 생산 과정에서 발생하는 문제를 파악하고 개선하는 데 사용됩니다. **6. 불량 발생 위치 분석:** 불량 발생 위치를 분석하는 지표입니다. 이는 제조 과정에서 어느 부분에서 불량이 발생하는지 파악하고 개선하는 데 사용됩니다. **7. 제품 불량 발생 원인 분석:** 제품 불량 발생 원인을 분석하는 지표입니다. 이는 제품의 품질 개선을 위해 원인을 파악하고 개선하는 데 사용됩니다.
데이터 분석	**1. 데이터 정확성:** 데이터 분석 결과의 정확성을 측정합니다. 이는 잘못된 데이터에 의한 결정이나 예측의 오류를 방지하기 위해 매우 중요합니다. **2. 데이터 완전성:** 분석에 사용된 데이터의 완전성을 측정합니다. 이는 누락된 데이터가 분석 결과에 영향을 미치지 않도록 하기 위해 중요합니다. **3. 분석 정확도:** 데이터 분석 결과의 정확성을 측정합니다. 이는 분석 결과의 품질을 판단하기 위해 사용됩니다. **4. 데이터 시각화 효과:** 데이터 시각화를 통해 얼마나 잘 데이터를 이해하고 전달할 수 있는지를 측정합니다. **5. 데이터 분석 속도:** 데이터 분석을 수행하는 데 걸리는 시간을 측정합니다. 이는 데이터 분석 프로세스의 효율성을 판단하기 위해 사용됩니다. **6. 비즈니스 성과:** 분석 결과가 비즈니스에 어떤 영향을 미치는지 측정합니다. 이는 데이터 분석이 실제로 비즈니스에 가치를 제공하는지 판단하는 데 사용됩니다.

직무	KPI 리스트
재무	**1. 매출 (Revenue):** 회사가 판매한 상품이나 서비스로 인한 수익을 나타냅니다. **2. 총매출이익 (Gross Profit):** 매출에서 제품 또는 서비스 제공 비용을 제외한 이익을 나타냅니다. **3. EBITDA (Earnings Before Interest, Taxes, Depreciation, and Amortization):** 이자, 세금, 감가상각비를 제외한 순이익을 나타냅니다. **4. 순이익 (Net Income):** 모든 지출과 세금을 고려한 이익을 나타냅니다. **5. 자산회전율 (Asset Turnover):** 자산 대비 매출을 나타내며, 회사의 자산 활용성을 측정합니다. **6. 부채비율 (Debt-to-Equity Ratio):** 회사의 부채와 자기자본 비율을 나타냅니다. **7. 현금흐름 (Cash Flow):** 회사의 영업, 투자 및 재무 활동으로 인한 현금 흐름을 나타냅니다. **8. ROE (Return on Equity):** 자기자본 대비 이익을 나타내며, 회사의 이익 창출 능력을 측정합니다. **9. ROA (Return on Assets):** 총 자산 대비 이익을 나타내며, 회사의 자산 활용 능력을 측정합니다.
퍼포먼스 마케팅	**1. 클릭 수(Clicks):** 광고가 클릭된 횟수를 나타냅니다. **2. 전환율(Conversion Rate):** 광고를 본 사용자 중에서 실제로 구매나 가입 등을 완료한 사용자 비율을 나타냅니다. **3. 매출(Sales):** 광고를 통해 발생한 매출 금액을 나타냅니다. **4. CPA (Cost per Acquisition):** 광고 비용 대비 획득한 고객 수를 나타냅니다. **5. CPC (Cost per Click):** 광고 클릭당 비용을 나타냅니다. **6. CTR (Click-through Rate):** 광고를 본 사용자 중에서 실제로 클릭한 사용자 비율을 나타냅니다. **7. ROAS (Return on Advertising Spend):** 광고 비용 대비 매출의 비율을 나타냅니다. **8. 평균 주문 가치(Average Order Value):** 한 번 구매시 평균적으로 결제한 금액을 나타냅니다.

직무	KPI 리스트
인사	**1. 채용 비용:** 채용 프로세스에서 발생하는 총 비용을 측정하는 지표입니다. 이는 인력을 효과적으로 관리하고 인력 채용 비용을 절감하는 데 사용됩니다. **2. 채용 시간:** 채용 프로세스에서 필요한 시간을 측정하는 지표입니다. 이는 채용 프로세스의 효율성을 평가하고 개선하는 데 사용됩니다. **3. 직원 이탈율:** 직원의 이탈률을 측정하는 지표입니다. 이는 직원 유지를 위한 인사 전략을 수립하고, 직원 만족도를 개선하는 데 사용됩니다. **4. 학습과 개발:** 직원들의 학습과 개발을 촉진하는 노력을 측정하는 지표입니다. 이는 조직 내에서 직원들의 능력을 향상시키는 데 기여하고, 조직 전체적인 성과를 개선하는 데 사용됩니다. **5. 직원 만족도:** 직원들의 만족도를 측정하는 지표입니다. 이는 직원들이 조직에서 일하면서 느끼는 만족도를 개선하고, 직원 유지율을 높이는 데 사용됩니다. **6. 인력 비용:** 인력 관리와 관련된 총 비용을 측정하는 지표입니다. 이는 인력 관리의 효율성을 개선하고 인력 비용을 최적화하는 데 사용됩니다. **7. 성과 관리:** 성과 관리 시스템의 효과를 측정하는 지표입니다. 이는 직원의 성과 개선에 기여하고, 조직의 성과 개선에도 기여하는 데 사용됩니다.
물류	**1. 주문 처리 시간(Order lead time):** 고객이 주문을 한 후 제품이 출하되기까지 걸리는 시간을 측정합니다. **2. 제품 오차율(Perfect order rate):** 주문 내용이나 제품 수량 등에서 오류가 발생하지 않고 완벽하게 처리된 주문의 비율을 측정합니다. **3. 재고 순환율(Inventory turnover):** 물류에서 보유하는 재고가 일정 기간 동안 얼마나 판매되고 교체되었는지를 측정하여, 재고 관리의 효율성을 파악합니다. **4. 출하 완료율(On-time delivery rate):** 고객에게 약속한 시간 안에 제품을 출하한 비율을 측정합니다. **5. 총 물류 비용(Total logistics cost):** 물류 활동 전반에서 발생하는 비용을 측정합니다. 이를 통해 물류 비용을 최적화할 수 있는 방안을 도출할 수 있습니다.

직무	KPI 리스트
영업지원	**1. 고객만족도:** 영업지원 팀이 제공하는 서비스에 대한 고객 만족도를 측정하는 지표입니다. 이는 고객 만족도를 개선하고 유지하기 위한 노력을 평가하는 데 사용됩니다. **2. 일정 준수율:** 영업 지원 팀의 일정 관리 능력을 측정하는 지표입니다. 이는 영업 부서가 계획한 일정을 잘 준수하고 지원하는 능력을 평가하는 데 사용됩니다. **3. 문의 응답 시간:** 고객 문의에 대한 응답 시간을 측정하는 지표입니다. 이는 고객 서비스의 효율성과 신뢰성을 평가하는 데 사용됩니다. **4. 리드 생성:** 영업 지원 팀이 생성한 리드(고객 유치 기회) 수를 측정하는 지표입니다. 이는 영업 부서의 성과와 영업 활동의 효율성을 평가하는 데 사용됩니다. **5. 문제 해결율:** 고객이 제기한 문제를 해결하는 데 성공한 비율을 측정하는 지표입니다. 이는 고객 서비스의 질과 신뢰성을 평가하는 데 사용됩니다. **6. 업무 효율성:** 영업 지원 팀의 업무 효율성을 측정하는 지표입니다. 이는 영업 부서의 업무 진행에 있어서 업무 효율성을 개선하는 데 사용됩니다. **7. 기술 지원 성과:** 영업 지원 팀이 제공한 기술 지원의 성과를 측정하는 지표입니다. 이는 기술 지원 역할에 대한 성과를 평가하고 개선하는 데 사용됩니다.

[KPI 리스트를 활용하여 경력 기술서 성과를 찾아낸 예시 3가지]

직무	KPI	성과
MD	**1. 매출 증가율:** MD 팀이 책임지는 제품군의 매출이 전년 대비 얼마나 증가했는지를 나타내는 지표입니다. 제품군별로 매출 증가율을 산출하여, MD 팀은 매출이 감소하는 제품군을 파악하고, 이를 개선할 수 있는 방법을 모색할 수 있습니다.	커스터마이징 키링 신상품 기획으로 매출 80% 신장
	2. 제품별 마진율: MD 팀이 담당하는 제품군에서 각 상품의 판매 가격과 그에 대한 가변비용, 고정비용을 고려하여 계산한 마진율입니다. 이를 통해 MD 팀은 높은 마진율을 가진 상품에 집중하여 판매 전략을 수립할 수 있습니다.	원가절감한 PB개발로 영업이익율 16% 개선
	3. 재고 회전율: 재고가 얼마나 빨리 팔리는지를 나타내며, 재고 관리 효율성을 평가합니다.	타겟층에 기반한 프로모션 기획으로 부진 상품 판매량 2배 증가
	4. 신규 거래처 계약 수: MD 팀이 담당하는 제품군에 새로 입점한 거래처 수를 나타내는 지표입니다. 이 지표는 새로운 거래처를 유치하는 MD 팀의 성과를 측정하는데 사용됩니다.	신규 거래처 입점 10개(온라인 오픈마켓, 전문몰, 폐쇄몰)
연구개발	**1. 특허 출원 건수:** 특허 출원 건수는 새로운 기술이나 제품을 개발하고 그에 대한 지식 재산권을 보호하기 위해 출원한 특허의 수를 측정합니다. 이를 통해 기술력의 발전과 경쟁력 강화를 위한 연구개발 프로젝트의 성과를 평가할 수 있습니다.	GNSS 최적화를 위한 전용 보정 프로그램 특허 출원
	2. 신제품 출시율: R&D 프로젝트에서 개발한 제품 중 실제 출시된 제품의 비율을 측정하는 지표입니다. 이는 조직의 제품 개발 능력을 평가하는 데 사용됩니다.	첨가제 최적화를 통한 광학용 소재 개발(투명성 10% 개선/일반 Grade 대비 내열성 6배 향상/타제품 대비 영업이익 3배)

직무	KPI	성과
	3. 예측 정확도: 예측 정확도는 연구개발 결과물인 모델의 품질을 측정하는 지표입니다. 예측 정확도가 높을 경우, 모델의 신뢰성과 고객 만족도가 상승할 수 있습니다.	결함 특징 분석을 통해 99% 이상의 인식율을 달성 머신러닝 방법을 이용한 왁스의 녹는점 예측 모델의 95 % 예측 정확도 달성 CNN을 이용한 약동학 모형 분류 모델 생성으로 98.9 %의 분류 정확도 달성
	4. 원가 절감율: 개발된 제품의 총 원가 절감 비율을 측정하는 지표입니다. 이를 통해 제품 개발 효과성을 평가할 수 있습니다.	20톤급 선회모터 Valve Case의 소재 변경을 통한 원가 7% 절감
인사	**1. 직원 퇴사율:** 직원의 퇴사율을 측정하는 지표입니다. 이는 직원 유지를 위한 인사 전략을 수립하고, 직원 만족도를 개선하는 데 사용됩니다.	청년내일채움공제 가입 확대를 통한 전년대비 퇴사자 비율 50% 감소
	2. 신입사원 입사율: 채용 과정에서 합격한 인원 중 실제로 회사에 입사한 인원 비율입니다. 이를 통해 채용 과정에서의 선발 기준 및 절차를 개선하고, 적합한 인재를 영입할 수 있습니다.	현장실습 협약 학교 3배 확보를 통한 신입사원 입사율 목표 100% 달성 (전년대비 채용인원 2배 증가)
	3. 채용 비용: 채용 과정에서 발생하는 비용을 측정하여, 채용 비용을 최소화하는 것이 목표입니다. 이를 통해 회사의 예산을 절감하고, 인력을 효율적으로 활용할 수 있습니다.	공채 1기 모집 기획 및 리크루팅 네트워크 확대를 통한 석박사급 바이오 우수 핵심인재 28명 채용, 비용 10% 절감
	4. 지원자 수: 채용 공고에 지원한 지원자 수를 측정합니다. 이를 통해 채용 공고의 효과를 평가하고, 적합한 인재를 적극적으로 확보할 수 있는 채용 프로세스를 구성할 수 있습니다.	임직원 출신 학과, 관련 학과에 맞춘 채용 공고 게시 및 다이렉트 컨텍을 통한 신규 지원자 수 40% 확대

2단계 경력 기술서 작성하기

다음 양식은 우리가 작성할 경력 기술서의 샘플 양식이다. 하나의 경력만 잘 작성해도 양식을 쉽게 이해할 수 있다. 같은 원리로 모든 경력을 작성하고 우선순위에 따라 순서를 배열하면 된다.

프로젝트명/업무명	
기간	00년 0월~ 00년 00월 (00개월)
성과	How + Result
역할	action #1 (문제를 해결한 액션) action #2 (생산성을 높인 액션) action #3 (의사소통을 위한 액션)
기술	tech #1 (프로그램 혹은 소프트스킬 등) tech #2 (법적요건 및 제도나 정책 이해 등)

프로젝트명 혹은 업무명을 작성할 수 있다면 가장 좋지만, 작성하지 않아도 상관없다. 중요한 것은 기간, 성과, 역할, 기술이다. 이 네 가지 요소만 정확히 표현한다면 면접 전에 중요 경험을 충분히 이해할 수 있을 뿐 아니라 면접관 입장에서도 질문하기 훨씬 수월해진다. 간혹 경력 기술서를 구체적이고 길게 서술하는 경우가 있는데, 경력 기술서의 목적 자체가 핵심을 간결하게 보기 위함이기 때문에 우리는 면접관이 궁금해할 만한 요소만 작성하자. 경력 기술서를 작성하는 것은, 회사에 보고서를 작성하는 것과 비슷하다. 핵심 내용을 요약하고 압축해서 상대방이 이해하기 쉽게 전달하면 된다.

먼저 잘 작성된 경력 기술서의 예시들을 살펴보자.

[경력 기술서 잘 작성한 예시]

직무: MD

프로젝트명/업무명	명절 시즌 라이브 판매 방송으로 매출 154% 견인
기간	2020년 9월 ~ 2020년 10월 (2개월)
성과	5000명의 관심고객 CRM 분석을 통한 명절 판매 방송으로 라이브 매출 1억 달성
역할	- 경쟁사 100개 상품조사를 바탕으로 3만원 대 세트 상품을 제안해 객단가 50% 증가 - 5000명 관심고객 대상으로 CRM 마케팅 진행으로 유입 300% 증가 - 100개 밴더사 분석을 통해 밴더사 선정으로 기획 단가 30% 절감
기술	- Jira, Data Studio, Slack - 라이브 커머스 프로세스에 대한 이해

직무: 품질관리

프로젝트명/업무명	대만 공장 생산 가동
기간	2019.10 ~ 2020.10 (1년)
성과	신규 품질관리 시스템 구축을 통해 대만 공장 생산 제품 불량률 80% 감소
역할	- 불량품 100% 전수검사를 통해 완제품 결함 비용 30% 감소 - 반복되는 접착 결함 이슈 검사 프로세스 개선을 통한 검사 시간 10% 감소 - 유효기간 만료된 완제품을 결함 테스트용으로 사용하여 악성 재고 70% 처리 - 불량품 데이터 100개 분석을 통해 생산 매뉴얼 개발 및 교육 - 불량 발생 원인 파악을 통해 신규 장비 구매로 생산비 3%p 절감
기술	- QMS, ISO 9001 - 대만 법률에 대한 이해

직무: 재무회계

프로젝트명/업무명	분기 재무 실사 기획 및 분석 보고
기간	2021년 8월 ~ 2022년 10월 (3개월)
성과	분기별 재고조사 총 10회 실시를 통해 재무 데이터 일치율 10%p 상승
역할	- 현장 재고조사를 통해 자료 오차율 0% 달성 - 실사 내역 분석을 통해 세무 증빙 업무 프로세스 변경 및 매뉴얼 교육 - 잘못 기재된 계정 70% 수정 - 재고관리 프로세스 개선을 통해 재고 관리 비용 10% 절감
기술	- ERP - 자산 유형별 재무관리 법률에 대한 이해

경력 기술서 템플릿 사용 가이드

본격적으로 경력 기술서를 작성해 보자.

프로젝트명/업무명	
기간	00년 0월~ 00년 00월 (00개월)
성과	How + Result
역할	action #1 (문제를 해결한 액션) action #2 (생산성을 높인 액션) action #3 (의사소통을 위한 액션)
기술	tech #1 (프로그램 혹은 소프트스킬 등) tech #2 (법적요건 및 제도나 정책 이해 등)

작성 가이드 #1 기간

경력 기술서에서 기간은 매우 중요하다. 어떤 사람이 1년에 걸쳐서 완성한 일을 누군가는 1달 만에 완성할 수도 있고 2년 동안 완성하지 못할 수도 있다. 기업은 수많은 사람들을 채용하고 평가하기 때문에 내부에서 동일한 일을 하는 사람들과 생산성을 비교하기도 하고, 외부에서 지원하는 지원자끼리 비교하여 더 나은 생산성을 선발하기 위해 노력하기도 한다.

가급적 1년 이하의 프로젝트 혹은 업무를 위주로 작성하는 것이 좋다. 간혹 3년에서 5년 동안의 성과라고 이름 붙여 작성하는 경우가 있는데, 이것은 너무 함축적이어서 사실상 평가하기 매우 어려운 내용이 된다. 게다가 업무 기간이 길다면 성과의 크기가 매우 커야 하는데, 대부분 우리가 작성하는 경력 기술서에는 업무 성과가 간단한 경우가 많다. 그렇기 때문에 6개월에서 1년 사이에 끝냈던 경력을 위주로 경력 기술서를 작성하라고 제안해본다.

괄호를 사용하여 프로젝트 기간을 개월로 표시해보라. 보통 기간을 작성할 때, 연월~연월(ex, 2021.08~2022.02)식으로 작성하는데, 생각보다 숫자가 많고 길기 때문에 면접관, 인사팀이 한번 더 계산을 하는 수고가 따른다. 햇수가 넘어가는 경우에는 더더욱 헷갈리는 경우가 많다. 별것 아닌 거 같지만, 이러한 간단한 배려가 면접관들로 하여금 나의 경력에 더욱 집중하게 만든다. 면접을 보다 보면, 경력 기간을 잘못 읽거나 오해해서 불이익을 받는 경우가 심심치 않게 발생한다. 굳이 일어나지 않아도 되는 일을 없애고, 간단한 배려로 긍정적인 이미지를 구축할 수 있다.

경력 기술서 한 칸에서 '기간'의 합격 비중을 수학적으로 규정하기 어렵지만, 굳이 정해보자면 약 20%의 비중을 차지한다고 생각한다.

기간 표현이 아쉬운 예시

CASE 1

기간	2021. 07 ~ 현재

해설 : 경력 기술서에는 어떤 성과를 달성했는지를 적어야 한다. 현재까지 기간이 이어지고 있고 아직 결과가 나오기 전이라면 경력 기술서 소재로 부적합하다.

CASE 2

기간	2020.6 ~ 2023.2 (2년 8개월)

해설 : 너무 긴 기간이다. 프로젝트 전체 기간이 아닌, 성과를 달성한 기간으로 좁혀서 작성해 보자.

CASE 3

기간	2021.2.22 ~ 2022.7.15

해설 : 면접관 입장에서 기간을 계산해야 하는 번거로움이 있다. 면접관이 성과에 집중할 수 있도록 기간을 계산해서 기재해 보자.

기간을 잘 표현한 예시

CASE 1

기간	2022년 1월 ~ 2022년 8월 (총 8개월)

CASE 2

기간	2022. 08 ~ 2022. 10 (3개월)

해설 : 년, 월을 포함해서 기재하거나 "." 기호를 이용해도 상관없다.

Q&A

기간을 작성할 때 많이 묻는 질문들

Q: 같은 기간에 여러 가지 업무를 진행했을 때, 경력 기술서에서 날짜가 겹쳐도 상관이 없을까요?

A: 가능하면 한 기간에는 한 가지 경력 기술서를 적는 것이 좋다. 물론 예외적으로 여러 업무를 하면서 성과가 나는 경우도 있지만, 경력 기술서에 적을 정도의 경력이라면 집중해서 성과를 낸 것이어야 한다. 멀티태스킹 혹은 동시에 여러 일을 할 수 있는 것이 능력이라고 생각하는 경우도 있지만, 사실은 그렇지 않다. 많은 기업들은 멀티태스킹을 낮은 집중력으로 여러 일을 느슨하게 처리하는 정도로 파악하고 있다. 우리가 작성하는 경력 기술서는 우리

가 가장 자랑할 수 있는 경력을 압축된 언어로 제시하는 것이다. 같은 기간에 만들어진 성과라면 더 크게 묶어서 한 경력 기술서 안에 모두 표기하는 것이 좋을 것 같다.

Q: 직무의 변경이 있는 경우 경력 기술서에 시간 순서대로 그대로 적어야 할까요?

A: 지원직무의 최근 경력이 언제나 우선한다는 원칙을 기억하자. 이전에 수행했던 경력이 지금 지원하는 경력과 다르다면, 그것은 현재 역량을 갖게 된 배경 정도로 밖에 활용할 수 없다. 실제로 경력이라고 제시하기에는 무리가 있으므로, 경력 기술서 맨 아래에 배치하는 것이 좋다.

다만, 인접 직무이거나 현재 직무의 연장선에 있는 직무라면 너무 직무명에 매이지 말고 최근 경력부터 시간별 흐름에 맞게 작성해도 무방하다. 예를 들어 영업 지원 → 영업 관리 혹은 영업 지원 → 경영지원으로 이동한 경우는 분명 다른 직무라고 볼 수도 있고, 그렇지 않을 수도 있는데, 실제로 수행했던 역할이 유사하다면 경력 기술서를 해석하는 데 큰 무리는 없다.

여기서 정말 중요하게 강조하고 싶은 것은, 경력 기술서를 작성할 때의 포인트는 핵심 경력에 대한 성공 경험을 작성하는 것임을 잊지 말아야 한다는 것이다. 나의 모든 히스토리를 작성하는 것이 아니다. 적어도 무방하지만, 강조점을 찍어야 하는 것은 지원직무와 연결되어 있는 직무 성공 경험이라는 사실을 기억하자.

Q: 브랜드 하나를 1년 9개월간 담당했는데, 운영하는 과정에서 이벤트를 기획해 브랜드 인지도 상승을 유인한 적도, 신제품을 기획한 적도 있습니다. 이 성과가 2개월, 3개월 정도 걸렸던 일이라면, 경력 기술서에 '신제품 기획(00년00월~00년 00월, 2개월)'라고 적어도 되나요?

A: 경력 기술서는 성과를 중심으로 끊어서 작성하는 것이 좋다. 심지어 기간을 조금씩 조정해도 괜찮을 정도로, 기간 자체보다는 어떤 성과를 냈는지가 중요하다. 성과의 크기를 기준으로 기간을 구분하자. 인지도 상승을 유인한 경험도, 신제품을 기획한 경험도 그리 중요하지 않다. '인지도 상승이 독립된 성과로서 설명할 만큼 큰가?'라는 관점에서 별도의 경력 기술서로 작성할 것인지 아닌지를 결정해야 한다.

많이 적는 것이 중요한 것이 아니라, 임팩트 있는 경력으로 내 커리어의 정수가 무엇인지 보여주는 것이 더 중요한 목적임을 항상 고려하여 작성하자.

작성 가이드 #2 성과

성과는 경력 기술서에서 가장 중요한 요소이다. 경력 기술서는 나의 소속과 직무를 적는 칸이 아니다. 이런 내용들은 이미 이력서에 적어 두었다. 면접관은 근거를 토대로 지원자들의 합불을 가른다. 그 근거의 결정적인 요소가 바로 성과이다. 앞에서 아마추어와 프로페셔널의 차이를 '노력을 강조하는가 결과를 강조하는가'라고 설명했다. 경력 기술서의 성과를 작성하는 게 바로 결과를 강조하는 행위이다. 성과를 보고 지원자를 뽑고 싶은지를 결정한다고 해도 과언이 아니다.

성과는 간결하게 작성할수록 좋다. 성과가 중요하다고 하니 많은 내용을 욱여넣기도 하는데, 더 이상 뺄 것이 없을 때까지 빼는 것이 성과작성법이다. 그래서 나는 성과를 반드시 한 줄로 정리하라고 제안한다. 이때 참고하면 좋을 프레임이 바로 How + Result이다.

우리는 반드시 '어떤 행동'을 통해서 결과물을 받는다. 회사에서 하는 모든 일들이 그렇다. 여기서 말하는 '어떤 행동'이 How이고, 이것은 나의 전략과 역할을 뜻한다. 결과물이 나오기까지 내가 했던 핵심 액션들에 대해서 다음 칸인 '역할'란에 정리해보고, 그중에서 가장 강력하고 자랑스러운 액션 한 가지를 성과란으로 끌어올려 보자.

앞에서 언급한 것처럼, 성과는 숫자 혹은 결과물로 간결히 작성하는 것이 좋다. 성과가 불분명하다거나 잘 모르겠을 때에는 다시 경험리스트업 단계로 거슬러 올라가야 한다. KPI리스트를 참고해도 나의 경력 중에 강조할 경험을 뽑아내기 어렵다면, 성과를 적기가 매우 힘들 수 있다.

성과 표현이 아쉬운 예시

CASE 1

성과	신규브랜드 런칭

해설 : 신규 브랜드 런칭이 어떤 의미가 있는지 객관적인 지표로 설명할 수 있다면 성과를 더 잘 전달될 것이다.

CASE 2

성과	100만원 달성

해설 : 어떤 행동을 통해서 달성했는지와 100만원이라는 숫자가 가진 의미를 전달할 수 있다면 성과가 더 명확해질 것이다.

성과를 잘 작성한 예시

CASE 1

성과	브랜드 콜라보레이션을 통한 신제품 출시로 객단가 1.5배 상승 및 매출 300% 상승

해설 : 브랜드 콜라보레이션을 통한 신제품 출시라는 '행동'과 객단가 1.5배 상승 및 매출 300% 상승이라는 명확한 '결과'로 성과를 보여주고 있다.

CASE 2

성과	수요 예측 오류 발견 및 로직 변경 통한 판매 순위 100위권 내 forecast accuracy 5% 증가

해설 : 수요 예측 오류 발견 및 로직 변경이라는 '행동'을 통해 판매 순위 100위권 내에서 forecast accuracy 5% 증가라는 '결과'를 얻은 것을 전달하고 있다.

성과가 차지하는 경력 기술서의 평가 비중은 약 50%라고 생각한다. 성과가 불분명하거나 연결성이 떨어진다면 다음 경력 기술을 볼 이유도 없어지고, 역할에 대해서 디테일하게 따져 볼 이유도 사라지기 때문이다. 비록 한 줄이지만, 성과는 역할과 긴밀하게 연결되어 작성해야하기 때문에 꼼꼼히 읽어보고 검토해야 한다.

지원자들이 자주 하는 실수는 너무 많은 내용을 담으려는 것이다. 성과는 자세함보다 핵심을 잘 표현했는가가 중요하다. 이것은 How + Result라는 구조를 지킨다면 어렵지 않게 완성할 수 있다.

Q&A

성과를 적을 때 많이 묻는 질문들

Q: KPI를 어떻게 써야 할지 모르겠어요.

A: KPI평가 지표를 조사해보면 여러 생각이 들 수 있다. '이렇게 많은 평가 지표가 있었나?'라거나 '아무리 찾아도 나에게 적합한 평가 지표를 찾지 못하겠다'는 생각이다. 평가지표는 누군가 정해놓은 시험 문제가 아니다. 누구나 상황과 필요에 따라서 규정하고 수정할 수 있다. 인터넷이나 직무교육에서 흔히 볼 수 있는 평가 지표들은 이미 누군가가 활용했던 지표일 뿐이다. 자신만의 평가

지표를 직접 만들어보자.

KPI는 크게 2가지로 분류되는데, 최종KPI 와 과정KPI이다. 영업에서의 매출, 마케팅에서의 유입률같이 직무가 가지고 있는 최종적인 불변의 지표가 최종KPI이다. 이 최종KPI를 향해 가는 과정에서 관리해야 하는 지표가 과정KPI이다. 처음부터 최종KPI와 과정KPI를 구분하는 것이 쉽지 않기 때문에, 먼저 평가지표들을 조사해보고 조사 후에 최종과 과정을 구분해보자. 상황에 따라서 최종 KPI가 과정KPI로 활용될 수도 있고 과정KPI가 최종KPI로 활용될 수도 있다.

어떤 회사는 매출보다 브랜딩이 중요하고, 어떤 회사는 브랜딩보다 수익률을 더 중요하게 여길 수 있다. 지표라는 게 정답이 있기보다는, 정답을 규정하는 과정에 가깝다. 답답한 소리일 수 있겠지만 구분은 우리가 스스로 해야 한다. 어떤 지표를 기준으로 설명할지만 결정하면 된다. 유사 직무에서 평가하는 여러 내용들을 조사해 보고, 다양한 케이스들을 통해서 나만의 지표를 찾아보자.

Q: 성과가 큰 3년 이상 지난 프로젝트와, 이보다 성과는 낮지만 객관적으로 나쁘진 않은 최근 프로젝트 중 어떤 것을 어필하는 게 좋은가요?

A: 성과는 최근일수록 어필된다. 3년이라는 기간이 짧은가 아닌가에 대한 판단을 해야 하는데, 이것은 총 경력이 몇 년인가에 따라 해석을 달리할 수 있다. 총 경력이 10년이 넘는 사람에게는 3년

전 성과 역시 비교적 최근 경력이라고 할 수 있지만, 총 경력이 4년인 사람에게는 입사 초기에 반짝했고, 이후로는 이렇다 할 성과가 없다는 것을 스스로 증명하는 꼴이다.

질문에 해당하는 경우라면, 당연히 둘 다를 적어야 한다고 가이드 해주고 싶다. 지원 이력과 연결되어 있는 최근 성과를 먼저 적고, 3년 전 좋은 성과도 강조하여 적어주자. 둘 중 하나를 선택해야 하는 경우는 흔히 발생하지 않는다. 경력 기술서는 대부분 오픈 형식이기 때문에 스스로 어떤 경력을 작성할지 결정하면 된다.

Q: 성과를 수치화하다 보니 너무 억지스러운 느낌이 들어서 고민입니다.

A: 평소에 숫자로 업무를 관리하지 않았다면 당연히 억지스럽다고 느낄 수 있다. 억지스러운 것이 익숙해지려면 시간과 의식적인 연습이 필요하다. 억지로 숫자를 연결시키다가 정말 억지스러운 결과를 낳을 수도 있지만, 아무것도 없는 것보다는 낫다. 지금은 억지스러워 보여도 다른 사람들의 경우와 비교해보고, 실제 면접 현장에서 면접관의 질문을 받았던 경험이 쌓이면 진짜로 억지스러운 것과 억지스럽게 느껴지는 것을 구분할 수 있게 된다.

일단은 도전해 보아야 한다. 영어를 공부할 때에도, 문법에 맞는 표현인지, 적절한 단어가 쓰였는지 의심이 들고 학습이 어렵게 느껴지기도 한다. 하지만, 틀리더라도 입을 열어 말을 해야 영어가 늘듯이, 억지스럽게 느껴지더라도 일단은 도전해보아야 한다. 과정은 결코 배신하지 않는다. 우리를 전문가로 이끌어 줄 뿐만 아니라, 내가 원하는 이직을 실현시켜 줄 것이다.

Q: 유사 직무 이직일 경우에 해당 직무와 관련된 성과만 언급하면 될지, 아니면 그 회사에 있던 성과 모두 언급해야 할지 궁금합니다. 그리고 수치화된 성공 사례 외에도 정성적 평가 사항도 넣어도 될지 궁금합니다.

A: 어떤 성과를 적을 것인가가 전략이다. 유사 직무 이직일 경우에는 직무 관련 성과를 먼저 적고, 그 외에도 강조하고 싶은 경력이 있다면 적어도 무방하다. 하지만, 작성한 내용이 긍정적으로만 보일지는 분명하지 않다는 사실을 기억하자. 지원한 직무와 연결성이 있는 성과 경험이라면 충분히 좋겠지만, 그렇지 않거나 심지어 상관없는 직무 경험이라면 왜 그 직무를 지속하지 않고 중간에 직무를 변경했는지 의문이 생길 수밖에 없다. 어디에서든 좋은 성과를 낸다는 이미지를 심어주고 싶은 것이 아니라면, 굳이 모두 적을 필요는 없다.

다만, 경력 기술서의 개수가 너무 모자라는 경우에는 적는 게 좋다. 물경력보다는 여러 영역에서 좋은 성과를 낸 사람이 더 경쟁력 있기 때문이다.

성과는 기본적으로 정량적 성과를 기본으로 한다. 정성적 평가란 주변의 칭찬 같은 내용들인데, 이런 것들은 상대적이고 실제로 검증하기 어려운 경우가 많아서 경력 기술서에서는 인정받기 힘든 면이 있다. 이런 내용은 면접에서 어필하는 편이 훨씬 좋다.

Q: 성과가 없는데 어떻게 해야 하나요?

A: 성과가 정말 없는 것인지, 성과는 있는데 성과라고 표현하지 못하는 것인지를 구분해야 한다. 성과가 정말 없다면 경력 기술서가 문제인 게 아니라 이직과 커리어 전체가 문제인 상황이다. 정말 그렇다면 지금은 이직을 준비할 때가 아니라, 성과를 낼 방법을 연습해야 한다. 하지만 내가 만나본 대부분의 경우는, 성과를 인식하는 관점이 없고 표현하는 방법을 몰라서 어려워하는 경우였다. 이럴 때는 다른 사람들의 케이스를 많이 살펴보는 게 효과적이다. KPI 리스트를 제안한 이유도 내가 도전할 수 있는 제목 혹은 다루어 보았던 성과의 의미를 찾아보라는 의도였다. 물론, 성과로 표현하기 어려운 업무도 있기 때문에 다각도로 생각하고 정리하는 것이 우리가 고민해야 하는 포인트이다.

1) 단순 유지 업무인 경우

어떤 상황을 유지하는 업무일 경우, 성과를 표현하기 힘들 수 있다. 예를 들어 사고를 예방하는 업무라던가, 정해진 규칙에 의해서 입력만 하면 되는 업무 같은 내용이다. 그러나 표현법이 아예 없는 것은 아니다. 단순 유지 업무는 최상의 상태를 유지한 기간 그 자체가 성과인 경우가 많다. 무재해 100일, 무사고 10년과 같은 케이스 말이다. 더욱 설득력을 갖추려면 비교군을 함께 설명해도 좋다. 사고가 빈번히 일어나거나 문제가 다분히 발생하는 업계의 경우, 나의 성과와 비교 대상을 함께 작성한다면, 당신의 경력을 더 효과적으로 전달할 수 있다. 정해진 규칙에 의해 입력만 하는 업무 역시 오류가 일어나지 않았던 기간이나, 시간 절약 프로세스 개발 같은 성과를 제시할 수 있다. 이것은 깊이 생각하고 고민하는 과정에서 정리할 수 있기 때문에 앞서 다루었던 역할 파트를 심도 깊게 고민해 보면 성과로 적을만한 것들이 생각날 것이다. 중요한 점은 동일 직무가 어떤 성과를 내는지 아는 것이다.

2) 회사에서 아무런 평가를 하지 않는 경우

성과 관리 시스템이 잘 갖추어진 외국계 회사나 중견 기업 이상, 대기업 외에는 성과 측정을 하지 않는 회사들이 많다. 초기 스타트업이나 중소기업 같은 경우 멀티플레이를 요구받는 경우도 많고, 직무 자체가 바뀌는 경우가 많기 때문에 의도적으로 평가를 하지 않기도 한다. 하지만 회사에서 측정하지 않는다고 해서 실무자들 스스로가 평가하지 못하는 것은 아니다. 실제로 성과를 관리하는 주체는 회사가 아니라 우리 스스로가 되어야 한다. 이직을 위해 성과를 수치화할 수도 있지만, 본인을 위해 평소 성과를 숫자로 관리하는 연습을 해보길 바란다.

3) 단순 행정 업무인 경우

단순 행정 업무에도 성과평가지표는 있다. 공공기관과 공기업에는 대부분 발달된 행정업무 평가 방식이 존재한다. NCS 평가 지표를 보면 너무 디테일해 보일 수 있지만, 충분히 참고해 볼 수 있는 KPI 리스트를 확인할 수 있다. 기본적으로 행정업무는 정확도와 시간을 지키는 것이 중요하다. 여기에 서비스 마인드가 곁들여져 있다면 최고의 직원이라고 할 수 있다. 행정 업무를 하면서 서비스했던 직원들의 만족도를 점검해보자. 특정 업무에 대해서 나에게만 요구가 몰리는 것도 좋은 경력이다. 정량화된 숫자로 설명할 수 없다면 만족도 같은 정성적인 내용으로도 나를 설명할 수 있다.

4) 아무 생각 없이 정말 시킨 것만 한 경우

가장 문제가 되는 경우이다. 분명 많은 일을 했는데 어떤 일을 했는지도 모르고 왜 하는지도 모른다. 이런 경우는 본인에게 어떤 전문성이 필요한지도 모른다. 이런 사람과 함께 일해 본 사람이라면 누구나 공감하겠지만, 다시는 함께 일하고 싶지 않아진다. 정직하게 돌아보았을 때 내가 이런 상황이라면 짧은 기간이더라도 성과에 도전해보기를 바란다.

작성 가이드 #3 역할

성과가 없으면 이후에 나오는 내용들을 읽을 필요가 없다. 그래서 성과가 가장 중요하다. 그러나 역할(전략)은 성과만큼 중요하다. 성과를 내기까지의 핵심적인 전략을 보유해야 다시 그 성과를 낼 수 있기 때문이다. 역할(전략)이 없다면, 물경력 파트에서 다루었던 것처럼 프리라이더로 간주되고, 아무런 실력 없이 우연히 성공을 달성한 것처럼 추정되기 때문에 합격 여부를 결정짓는 마지막 요소라 할 수 있다.

역할이라고 적었지만 사실은 전략이라고 표현하는 것이 더 적합하다. 맨 처음에는 '한 일'이라고 적었는데, 사람들이 너무 do list 중심으로 작성하는 모습을 보았다. 이것은 어찌 보면 당연히 해야 할 일들이지 역할이라고 하기 어렵다. 그래서 조금 더 전략적인 변화의 포인트를 적을 수 있도록 단어를 '전략'이라고 바꾸었는데 이번에는 아무것도 적지 못하고 어려워해서 결국 역할이라는 단어로 최종 수정하였다. 전략은 대단한 것을 말하기보다는 '최단 거리'를 뜻한다. 목표를 달성하기 위해서 어떤 길(way)을 선택했는가? 이것이 나의 역할이고 전략이다.

자신의 역할을 정리하기 어려워하는 사람들을 위해 크게 3가지 카테고리를 제시하고 싶다. 첫 번째는 문제를 해결한 액션이고, 두 번째는 생산성을 높인 액션, 마지막으로 의사소통을 잘한 액션을 정리하면 된다. 위의 세 가지 포인트에서 잘한 것들을 찾으라는 표현에 대해서 잘한 것이 없다고 생각할수도 있는데, 이전보다 나아졌거나 조금이라도 시도했던 것이 있다면 일단 한 줄씩 적어봐야 한다. 생각을 정리하는 과정에서 변화를 경험하게 될 것이다.

모든 업무에는 문제가 있기 마련이다. 그렇기 때문에 우리가 일하는 것이고, 일을 마쳤다면 반드시 변화가 따라야 한다. 성과가 나지 않는 사람들은 대부분 문제를 '어쩔 수 없는 것'으로 인식하거나, 문제 자체를 인식하지 못하는 상태이다. 그래서 대부분의 책임자들은 '문제의식이 있는 사람에게 일을 맡겨야 한다'고 말한다. '어떤 성과를 냈느냐'를 다른 말로 하면 '어떤 문제를 해결했느냐'고 할 수 있다. 경력을 기술할 때 나의 역할을 문제해결자 관점에서 적어보자.

두 번째는 생산성을 끌어 올린 액션이다. 생산성 향상은 동일한 인풋(input) 대비 아웃풋(output)을 늘리거나, 더 적은 인풋으로 동일한 아웃풋을 산출해내는 것이다. 쉽게 설명하자면 10시간 걸릴 일을 5시간 만에 끝냈으면 생산성이 2배 증가한 것이다. 다섯 명이 하던 일을 나 혼자서 했다면 생산성이 5배 증가한 것이다. 생산성을 상승시킨 대표적인 액션은 프로세스를 재설계(순서를 바꾼 것), 대체재 발견(내용을 바꾼 것), 신기술을 도입(새로운 방식을 도입한 것) 정도로 나타난다. 시간을 절약했거나, 더 쉽게 일한 생산성 관점에서의 액션을 적어보자.

의사소통은 영업과 마케팅, 보고나 업무지시와 관련된 모든 내용이 포함된다. 일이 더 잘 되게 하기 위해서 의사소통에 쏟았던 액션을 정리하면 된다. 이는 문제해결과 생산성 증가에 비해서 비교적 쉽게 정리할 수 있다. 이공계 관련 직무에 지원한 경우, 간혹 면접관들이 긍정적으로 평가할만한 의사소통 액션이 무엇인지, 또 의사소통이 필요한지 의문을 갖기도 한다. 그러나 내가 실제로 경험한 엔지니어 혹은 이공계 직무자 대부분은 의사소통을 중요하게 생각하고 그것으로 합격 여부를 결정하기도 했다. 업무의 목표를 달성하기 위해서 내가 펼쳤던 설득전략을 적으면 된다.

모든 경력 기술서에 문제 해결, 생산성, 의사소통 각 요소를 한 줄씩만 적어도 굉장히 완성도 높고 균형 있는 관점을 제시할 수 있다. 몇 가지 경험을 적다 보면 최근 경험이나 몰입했던 일, 성과의 크기가 컸던 내용들이 생각날 것이다. 그러면 굉장히 많은 것들을 적고 싶은 충동을 받는데, 역할에는 5줄 이상을 쓰지 않도록 하자. 이것 역시 너무 많은 정보를 나열하면 면접관 입장에서 복잡하고 혼란스러워 보인다. 하고 싶은 많은 이야기들은 면접장에서 들려주는 편이 좋다.

역할을 훨씬 엣지있게 작성하는 방법이 있다. 각 액션 들에 수치화를 가미하는 것이다. 문제를 해결해서, 생산성이 얼마나 좋아졌는지를 숫자로 적으면 신뢰감이 상승한다. 의사소통이 얼마나 매끄러워졌는지 적을 수만 있다면 당신에 대한 확신을 갖게 될 것이다. 심혈을 기울여 한줄 한줄 작성하는 노력은, 구체적인 숫자와 변화의 값들을 작성하는 방향으로 쏟아야 한다.

역할 표현이 아쉬운 예시

CASE 1

역할	제품 콘셉트와 스토리보드 도출, 시장분석

해설 : 당연히 해야하는 일들을 역할로 기술하고 있다. 성과와 연결된 핵심 액션을 적어보자.

CASE 2

성과	신제품 출시를 통해 고객 만족도 100% 상승
역할	- 해외 플랫폼 시장 마케팅 방안 조사 - 경쟁사 콘텐츠를 벤치마킹해 제품 랜딩 페이지 리뉴얼 및 광고 소재 기획 - 마케팅 성과 분석

해설 : 신제품 출시라는 액션이 모호하기 때문에, 역할이 성과와 연결되어 보이지 않는다. 각 역할도 수치화가 되지 않아서 당연한 업무 활동으로 해석된다. 역할에 기술된 내용이 성과에 어떤 영향을 주었는지 수치로 설명해 보자.

역할이 잘 작성된 예시

CASE 1

역할	- 기존 프로세스 분석 통한 생산관리 프로세스 로직 설계하여 불량품 검증 자동화 기능 개발 - 불량품 검증 자동화 시스템 개발을 통해 불량품 검사 시간 300% 단축 - 제품별, 고객사별 100가지 불량품 케이스 분석을 통해 테스트 데이터를 만들어서 불량품 검사 비용 30% 절감

해설 : 문제를 해결한 핵심액션과 생산성을 높인 액션을 숫자를 근거로 정확하게 나타냈다.

CASE 2

역할	- 신규 유입자 30% 가 랜딩 페이지 체류시간이 10초 이내인 점을 분석 - 홈페이지 유입자 5000명 데이터 분석으로 랜딩 페이지 개선안 도출 - A/B 테스트로 개선안 개선안 디자인 검증을 통해 클릭률 높은 문구, 버튼 위치 파악 - 변경된 랜딩 페이지로 연계 매출 100% 증가

해설 : 히트맵 분석이라는 분명한 액션이 있고 역할에 기술된 내용이 연결된다. 역할에 기술된 내용이 성과에 어떤 영향을 주었는지 숫자로 잘 표현되어 있다.

역할을 적을 때 가장 피해야 할 일은, 당연히 해야 하는 일들을 나열하는 것이다. 목표와 상관 없이 반복하는 일들은 적을 필요가 없다. 아래의 예시를 보도록 하자.

- 고객 문의 분석 및 매장 소통
- 인플루언서 컨택 및 매뉴얼 작성
- 시제품 발송
- 매출 집계 및 결산

이 역할들은 필수적인 일들이지만, 목표와는 상관없고, 직무를 수행하는 사람이라면 누구나 해야 하는 일이다. 역할이 목표와 연결되지 않고, 수치화되지 않았다면 진정한 의미의 역할 혹은 전략적인 행동이라고 할 수 없다. 목표를 달성하기 위한 의도적인 행동을 찾아서 적는 것이 필요하다. 아무 생각 없이 일했기 때문에, 역할 기입이 어렵다고 느낄 수도 있다. 이 책에서 제시하고 있는 여러 경력 기술서들을 참고하여 나만의 액션을 뽑아내 보자. 이 책에 사례를 수록한 사람들도 처음에는 막막해했었다.

역할의 평가 비중은 약 25% 정도 된다고 생각한다. 성과가 50% 정도의 평가 비중을 갖는다면, 역할이 그에 25%를 더하여 합불 여부를 결정짓는다. 역할도 핵심 요소라고 할 수 있다. 물론, 한 줄의 경력을 보고 합불을 가르지는 않지만, 굳이 비율을 따져보자면 그렇다는 뜻이다. 역할은 성과의 진위여부, 진짜 실력인지 우연인지를 점검하는 중요한 요소이다.

Q&A

역할을 적을 때 많이 묻는 질문들

Q: 속해있던 팀의 역할을 제가 한 역할로 기술해도 되나요?

A: 성과는 팀 성과로 적어도 무방하지만, 역할은 나의 역할로 한정하여 작성해야 한다. 역할을 작성하는 이유 자체가 free-rider가 아님을 분명히 하기 위함인데, 팀의 역할을 전부 작성한다면 자신이 free-rider 였음을 스스로 증명하는 꼴 밖에 안된다.

간혹 이런 내용을 일단 적고 면접에서 질문받지 않기를 바라는 경우가 있는데, 이것은 너무 도박 같은 행위다. 거듭 강조하지만, 문서는 면접을 보기 위한 사전 데이터 수집에 불과하다. 이 정보를 근거로 면접 검증하는데, 애초에 공격받을만한 포인트를 심어둘 필요가 있을까? 나의 역할이 분명하고, 역할이 성과로 연결된 것을 경력 기술서에 작성하자.

Q: 역할을 적을 때 어떤 순서로 적어야 할까요?

A: 앞서 본문에서 가이드 한 문제해결 - 생산성 증가 - 의사소통 아이디어를 한 줄씩 적으면 된다. 하지만 경험에 따라 순서를 바꿔도 되는데, 생산성 증가가 가장 강력한 역할이었다면 그것을 먼저 강조하자. 자신 있는 것을 두괄식으로 던지는 것이 비즈니스의 기본기이다.

여기서 자신 있는 것이 무엇인지 판단하기 어려울 수 있는데, 이때 사용하는 방법이 유사한 성과들과 비교해 보는 것이다. 비슷한 프로젝트 혹은 업무를 하는 다른 팀과 직원들을 비교했을 때, 나에게 훨씬 두드러지는 역할이 있다면 그것이 강점인 것이다.

Q: 경력 기술서를 작성할 때, 대외비 자료들이 염려됩니다.

A: 회사에서 업무를 맡다 보면 회사 내부의 보안정보를 다루는 경우가 생긴다. 그러다 보니 경력을 기술하는 과정에서도 회사의 비밀이 유출되지 않을까 염려되기도 한다. 이것은 매우 바람직한 태도이고, 모두가 주의해야 하는 내용이다. 특히, 이공계나 특수 기술을 다루는 경우에는 내부적인 내용 없이 자신의 성과를 설명하기 어렵기도 하다. 이런 딜레마의 빠질 경우, 나는 크게 걱정하지 말고 세부 내용을 말하라고 조언한다. 따지고 보면 우리가 업무를 통해 접하는 대부분의 정보는 높은 보안등급에 해당하지 않는다.

만약 기술 혹은 법적인 조건에 의해서 철저하게 비밀로 다루어져야 하는 정보라면, 그 내용에 대해 이미 별도의 비밀 유지 서약서를 작성했을 것이다. 그 문서는 입사 시에 흔히 작성하는 비밀 보호 서약서와는 다른 개념의 문서이다. 또 이런 별도의 서약서를 작성할 정도라면 상당한 기술력을 보유했거나, 중요한 직책을 수행하는 임원급일 것이다. 기술자나 임원의 경우 대부분 경력 기술서와 상관 없이 비밀리에 이직이 이루어지기 때문에, 경력 기술서가 이직에 중요한 요소가 되지 않는다.

두 가지만 점검해보자. 개별 프로젝트 혹은 기술에 대해 별도의 비밀 유지 서약서를 작성했는가? 회사에서 프로젝트에 대한 최고의 책임을 맡은 임원 혹은 책임자인가? 내가 회사의 보안 문서를 빼돌려서 의도적으로 유출하는 경우가 아니라면 엄밀히 비밀이라고 말하기 어렵다. 주니어 레벨이라면 과도한 걱정으로 해야 하는 말을 못 하지 않도록 주의하자.

작성 가이드 #4 기술

경력 기술서에서 가장 비중이 떨어지는 부분이다. 하지만 적으면 유용하게 작용하기도 한다. 우리가 일할 때 사용했던 시스템, 프로그램, 정책과 규정 등은 생각보다 긍정적인 반응을 이끌어낸다. 경력 기술서를 평가하는 인사팀 혹은 면접관은 대부분 실무자이거나 실무자를 관리하는 팀장이기 때문에 동일한 프로그램이나 시스템을 사용한 사람을 선호하는 경향이 있다. 이와 같은 원리로 특정 업무를 성실히 소화했다는 것만으로도 호감도를 높이고 함께 일해 보고싶다는 생각을 하게 만든다.

기술을 세밀하게 작성하는 게, 가장 편하고 확실한 방법처럼 보일 수 있다. 그러나 이는 매우 위험한 생각이다. 이유는 인사팀과 면접관마다 생각하는 바와 선호하는 바가 모두 다르기 때문이다. 기술이 아주 좋은 결정적 합격 요소가 될 수도 있지만, 동시에 아무런 효과가 없는 내용이 될 수도 있다. 오히려 회사가 특정 프로그램이나 정책, 혹은 프로세스에 부정적인 입장을 가지면 최악의 경우를 맞을 수도 있다. 예를 들어 이전 직장에서 OKR이라는 성과관리 프로그램을 사용했다고 가정해보자. 내가 지원하는 회사가 OKR이라는 성과 관리 프로그램을 사용했다가 크게 실패했고, 다시는 OKR을 적용하지 않는다는 공감대가 있다면, OKR로는 어필하기 힘들 것이다.

그래서 기술을 작성할 때 가장 좋은 방식은, 내가 지원하는 회사의 정보를 파악하여, 그에 맞게 작성하는 것이다. 하지만 경력 이직의 경우 이렇게 에너지를 쓰는 것이 쉽지 않기 때문에, 모두에게 통할만한 성과와 역할에 집중하는 것이다.

기술은 긍정적인 요소이지만, 필수적인 것은 아니다. 회사에서 사용하는 프로그램을 한 번도 써보지 않았다 하더라도, 성과와 역할이 분명하면 회사에 들어와서 얼마든지 학습하고 적응할 수 있기 때문이다. 분석 도구로 Microsoft의 Excel 을 쓰나 Apple의 Numbers를 쓰나 구글의 Spread sheet를 쓰나 회사는 아무런 상관이 없다고 판단할 것이다. 중요한 것은 그 프로그램을 활용하여 어떤 성과를 내는 가가 핵심이다.

대표적인 직무 몇 가지로 예시를 들자면 다음과 같다.

- (마케팅 직무의 경우) GA 툴 사용 마케팅 스킬
- (건축 직무의 경우) BAM 사용 시뮬레이션
- (데이터 직무의 경우) 파이선의 특정 업무 프로세스
- (인사 직무의 경우) HR 플랫폼 관리 경험
- (행정 직무의 경우) 법적 요건 및 제한사항
- (영업 직무의 경우) 우수 고객사 네트워크 발굴
- (구매 직무의 경우) 글로벌 소싱 네트워크 관리

만약 성과와 역할이라는 분명한 초점 없이 경력 기술서를 작성했다면, 대부분의 내용들이 기술에 해당했을 것이다. 기술로 꽉 찬 경력 기술서를 제출했다면, 인사팀과 면접관들이 지원자를 제대로 평가하기 힘들어질 수 있다. 우리는 성과와 역할을 강조하고 이 과정에서 획득한 기술을 제시함으로써 균형 있는 경력 기술을 완성할 것이다.

기술이라고 표현했지만, 우리가 일반적으로 해왔던 업무들 즉, do list에 해당하는 내용을 적어도 상관없다. 하고자 하는 이야기를 앞에서 두괄식으로 다 던졌기 때문이다. 기술이라는 칸을 여러 형태로 활용하여서 호감도를 높이는 포장지로 사용하면 된다. 내가 강조하고 싶은 특별한 경험들이 있다면 디테일한 내용을 기술란에 적어도 좋다. 성과는 1줄로 작성하고, 역할은 5줄 이내로 작성하라고 했지만, 기술 칸은 제한 없이 적어도 상관없다. 왜냐하면 면접관은 이미 앞의 3칸(기간, 성과, 역할)에서 더 읽어 볼지 말지를 결정했을 것이기 때문이다. 잊지 말자. 기술은 핵심이 아니고 호감도를 높이는 포장지에 불과하다.

기술 표현이 아쉬운 예시

CASE 1

기술	문제해결력, 의사소통력

해설 : 역량을 단순히 나열하는 것은 오히려 불필요한 검증 질문으로 이어질 수 있다. 기술 칸에는 성과를 달성하는 과정에서 배운 구체적인 기술을 작성해 보자.

CASE 2

기술	타부서 협업 프로세스

해설 : 작성한 성과나 역할과 관계없이 일하는 과정에서 당연하게 배울 수 있는 프로세스를 모호하게 전달하고 있다.

기술이 잘 작성된 예시

CASE 1

기술	- Google Optimize를 활용하여 A/B 테스트를 진행하는 기술 - Heatmaps, Amplitude

CASE 2

기술	Java, Spring, Oracle, Linux

해설 : 성과를 달성하는 과정에서 배우거나 활용한 구체적인 기술을 작성하고 있다.

경력 기술서 작성 시 자주 하는 실수 4가지

Case 1 가짓수가 너무 적거나, 과도한 경력 기술서

경력 기술서를 작성하다 보면 몇 가지의 경력을 제시해야 하는지 난감할 때가 있다. 한두 가지만 쓰자니 성의 없어 보이고, 하고 싶은 말이 많아서 10가지를 넘게 작성하기도 한다. 기입해야 하는 경력의 개수에 정답이 있지는 않지만, 대략적인 가이드를 제시하자면, 총 경력 기간의 1/2 이상 작성하는 것이 좋다. 예를 들어 총 10년의 경력을 가지고 있다면 경력 기술서에는 5개 이상의 경력이 제시되어야 적절하다. 이 책의 주요 독자층인 5년 미만의 경력자라면 경력 기술서에 3개 정도의 경력을 제시하면 충분할 것이다. 다음의 가이드를 참고하자.

[3가지의 경력 기술서를 잘 제시한 5년차의 사례] 직무: MD

프로젝트/업무명	여행 상품 판매 홈페이지 런칭 (총매출 400억)
기간	2020.03 ~ 2021.04 (1년 2개월)
성과	현지 여행사 및 인기 숙박시설 20개 확보로 유럽 지역 매출 1위 달성
역할	- 150개 현지 여행사 미팅 및 영업으로 현지 인기 여행 프로그램 20개 확보 - 여행 프로그램 기획 방송 총 100회 진행 - CRM 마케팅 및 구매 데이터 분석을 기반으로 전환율 30% 상승 - 카카오톡을 통한 티켓 발송 기획하여 배송비 50% 감소
기술	- Salesforce CRM 마케팅 도구, 구글 키워드 분석 도구 - 여행 비즈니스 법률에 대한 이해도

프로젝트/업무명	건강식품 직매입 및 판매 총괄 (총매출 400억)
기간	2021.05 ~ 2022.07 (1년 3개월)
성과	경쟁사 분석을 통해 가장 인기 있는 건강식품 판매처 확보로 매출 200% 상승
역할	- 자사 판매량 및 매출 성장률 분석을 통해 거래처 제안으로 거래 성사율 100% 증가 - SCM 프로세스 개선을 통해 신제품 납기 100% 준수 - 생산 공장 현장 방문 QA 프로세스를 통해 불량 건수 총 판매량 대비 1% 달성 - 유튜브, 인스타, 라이브 방송 총 50회 진행 - 오픈마켓 온라인 판매 및 자체 쇼핑몰 운영으로 매출 50% 상승
기술	- SAP SCM

프로젝트/업무명	가구 브랜드 쇼핑몰 운영 (총매출 100억)
기간	2019.01 ~ 2020.02 (1년 2개월)
성과	신제품 3개 런칭을 통한 하반기 매출 KPI 200% 달성
역할	- 시즌별 판매량 분석 기반 유통사별 생산량 납품을 통해 생산량 89% 판매 - 판매처 확보를 위한 유통사 확장 기획 및 제안을 통해 유통 채널 4배 확대 - 구매자 2000명 분석을 통해 옷장, 서랍장, 테이블 신제품 기획으로 매출 50% 상승 - 인스타, 유튜브, 라이브 방송 총 100회 진행 - 상품 시험 성적 분석 KC 의뢰 진행 및 10개 유통사 현장 QA 진행
기술	- KC 품질 인증 프로세스

그러나 10년 이상 20년 이하 경력자의 경우, 경력을 10개 이상 작성하는 것을 피해야 한다. 대기업에서 20년 넘게 근무한 분의 경력 기술서를 평가한 적이 있다. 경력도 많고 나이도 있으셨기 때문에 자신의 경력을 충분히 전달하고자 30가지 정도를 제출하셨는데, 당시 출력물 기준으로 A4용지 20장에 가까운 분량이었다. 경력 한 가지를 기술하는데 굉장히 많은 문장들이 사용되었고, 그마저도 정리된 형태가 아니어서 끝까지 읽는 게 아주 고역이었다. 결국 완독을 포기했다. 경력 기술서는 나의 모든 경력을 나타내는 것이 아니라, 주요 경력과 성과를 설명하는 것이기 때문에 가짓수가 많다고 해서 무조건 좋은 것만은 아니다. 핵심 성과를 중심으로 구성해보자.

Case 2 일관성이 떨어지는 경력 기술서

경력 기술서의 각 요소도 중요하지만, 전체적인 일관성도 중요하다. 직장생활을 하다 보면 직무를 변경하거나, 커리어와 전혀 맞지 않는 프로젝트를 해야 할 때도 있다. 지원하는 직무와 전혀 상관없고 회사와도 연관성이 없다고 느껴지는 경력이라면 과감하게 제거하는 게 좋다. 지원자 입장에서는 다양한 경험을 강조하고 싶겠지만, 평가자 입장에서는 불필요한 정보에 불과하다.

[불필요한 정보가 같이 기재된 케이스] 직무: 데이터 분석

프로젝트/업무명	4분기 매출 데이터 분석 프로젝트
기간	2019.11 ~ 2020.1 (3개월)
성과	Tableau 활용으로 매출 데이터 분석 정확도 10%p 향상
역할	1. 10개 계열사 4분기 실적 데이터 5000개 수집 1) 실적 보고에 필요한 데이터 포맷화 2) 데이터 요청 및 수집 프로세스 안내 3) 데이터 수집 마감일 준수를 위한 스케줄링 프로세스 설계 4) 구글 캘린더, 이메일 등을 활용하여 리마인드 매주 1회 진행 2. 데이터 분석을 통해 4분기 Top 5 매출원 분석 및 다이어그램화 1) 5000개 데이터 전처리 프로세스 진행 2) 참고할 만한 양질의 기존 데이터 분석 모델 선정 및 분석 3) 5가지 가설 기반으로 데이터 분석 모델링 진행 4) 표, 차트, 그래프, 이미지를 글 아래 배치하여 시각적인 다이어그램 이해도 상승
기술	Tableau

해설 : 기본적으로 해야 하는 To-do list를 역할에 모두 나열하고 있다. 성과에 영향을 준 핵심 액션 위주로만 간략하게 요약해서 기재해 보자.

기간 역시 일관성 있게 정렬되는 것이 좋다. 과거와 현재를 오가기보다는, 기간순으로 오름차순 혹은 내림차순으로 정렬하는 것이 좋다. 가장 좋은 방법은 지원직무와 직접적으로 연결되는 경력의 최근 성과부터 제시하는 방법이다. 히스토리를 전부 다 보여주고 싶어서 과거의 경력을 먼저 제시하는 경우가 있는데, 면접관마다 호불호가 나뉠 수 있고 무엇보다 두괄식 표현에 적합하지 않다. 면접관들이 경력 기술서를 통해 파악하고자 하는 면은 우리 회사에 입사해서 바로 업무를 수행할 수 있는지에 대한 여부이다. 그런 맥락에서 최근 경력을 먼저 제시하는 게 상대방 중심적인 배열이다.

Case 3 서술형으로 작성한 경력 기술서

경력 기술서는 기본적으로 개조식을 선호한다. 아주 예외적으로 서술형을 요구하는 기업이 있지만 그런 회사도 인사팀을 통해 의도를 확인해 보면 특별한 이유가 없이 서술형을 요구했던 경우가 많았다. 서술형을 요구하는 의도가 있는 경우라면, 회사가 분명하게 의도와 이유를 명시할 것이다. 의도와 이유가 명시되어있지 않다면, 특별히 제출양식이 없거나 자기소개서가 없어서 경력 기술서에 서술형 작성을 하라는 경우라고 할 수 있다. 이런 경우라면 사전에 개조식으로 작성해 둔 표를 먼저 제시하고, 그 아래에 배경과 과정에 대해 부연 설명을 덧붙이는 편이 좋다.

[서술형으로 작성한 아쉬운 케이스] 직무: 공정관리

기간	22.03.10 ~ 22.04.15 (1개월)
성과	직접 수리를 통한 비용절감
역할	공장 시설 노후로 인한 불량 원인을 직접 찾기 위해 모든 공장 시설을 확인하였고 장비에 생긴 구멍으로 인해 불량이 생기는 것을 알 수 있었습니다. 이후 불량을 막기 위한 자재를 직접 구입하고 공장 시설 장비에 생긴 구멍을 직접 막고 문제를 해결하였습니다.
기술	공장 시설 총괄에 대한 역량을 갖출 수 있었으며 이는 다음 회사에 입사해서도 문제가 생길 경우 외부 업체에 의지하기 보다 내부적으로 해결하여 불필요하게 발생할 수 있는 경비 지출을 줄일 수 있게 되었습니다.

해설 : 서술형 문장을 사용하면서 불필요한 내용들까지 전달하고 있다. 공장 시설 문제를 발견한 액션과 해결하기 위해 어떤 조치를 취했는지 요약과 압축한 개조식으로 전달해 보자.

경력 기술서의 보편적인 양식이 없는 이유는, 지금까지의 한국 채용시장이 신입 공채 위주로 형성된 탓이다. 신입 공채는 자기소개서를 기반으로 하고, 경력 채용은 경력 기술서가 중심이다. 하지만 코로나 시대를 지나고 채용 방식이 변하면서 경력 중심 채용 시스템이 강화되고 있다. 그렇기에 개조식의 경력 기술서를 더욱 디테일하게 요구할 확률도 높아지고 있다. 개조식의 핵심은 요약과 압축이다. 최대한 짧은 문서를 통해서 전체를 이해할 수 있도록 작성해야 한다. 우리가 지금까지 학습한 경력 기술서 작성 가이드는 이 원칙을 따라 충실히 개발되었으니, 걱정말고 프로세스를 따라와도 좋다.

Case 4 전문용어로 구성된 경력 기술서

경력자에게 전문성을 요구하다 보니, 전문성을 강조하고자 전문 용어를 과하게 사용하기도 한다. 지금까지 수많은 전문가를 만나보며 깨달은 사실이 있는데, 어렵게 설명하는 전문가는 없다는 사실이다. 진짜 전문가는 어렵고 복잡한 개념을 누구나 이해할 수 있게 쉬운 말로 설명한다. 전문용어를 많이 사용하면 새로운 문제가 생기는데, 경력 기술서를 최초로 필터링하는 인사팀의 이해를 저하시킨다는 점이다. 물론 탁월한 인사팀이라면 채용 직무에서 사용되는 전문용어를 이해할 수 있다. 하지만 그런 인사팀이 많지 않은 것이 사실이며, 경력 특성상 현직자들끼리도 용어가 일치하지 않아 서로 오해하는 경우가 상당히 많다. 대학 입시나 대학원에 입학한다면 이런 방법이 효과적일지 모르겠으나, 여러 전공과 다양한 부류의 사람들과 함께 일해야 하는 회사에서는 적절하지 않은 방법이다. 그래서 컨설턴트들을 교육할 때 이런 표현 방법을 기준으로 삼는다. "12살짜리 아이들도 이해할 수 있는 용어만 사용해라."

[전문용어 남발한 케이스] 직무: 연구개발

프로젝트/업무명	E-scooter용 pouch형 전지 개발
기간	2021.10 ~ 2022.01 (4개월)
성과	4달간 4개 개발 프로젝트 완료를 통한 20Ah급 4C-rate 성능의 파우치형 전지 개발
역할	- Pouch형 전지 개발 및 샘플 대응 업무 관리 - 4달간 4개 개발 프로젝트 (1. 고온 화성, 2. 전해액 조성, 3. N/P ratio 개발 및 4. 20Ah급 pouch형 전지 개발) 수행 및 완료 - N/P ratio 최적화 프로젝트 기획 및 관리 - Lead tab 용접 공정 및 pouch sealing 공정 최적화, 불량률 기존 34%에서 0%로 개선
기술	- 에너지 밀도 및 전류 밀도를 고려한 Pouch형 이차전지 설계 - Pouch형 전지 제작 공정 최적화 - 이차전지 개발 프로젝트 및 고객 대응 업무 관리

해설 : 경력 기술서를 검토할 때 전문용어에 대한 이해가 없이는 평가할 수 없는 내용으로만 구성되어 있다.

진짜 전문성을 어필할 곳은 성과이다. 동시에 성과와 연결된 역할이 당신의 전문성을 증명한다. '어떤 환경에서도 성과를 낼 수 있다' 혹은 '이런 성과에서 많은 것을 배울 수 있었다'라는 태도가 우리가 제시해야 할 진정한 전문성일 것이다. 본질이 아닌 용어에서 전문성을 어필하려고 하지 말자. 탁월한 면접관, 인사팀일

수록 더욱 날카롭게 당신의 전문성을 파헤칠 것이다.

경력 기술서 작성 체크리스트

지금까지 학습한 내용을 기반으로 7가지의 경력 기술서 체크리스트를 활용해보자. 가장 중요하고 놓쳐서는 안 될 내용으로만 체크리스트를 구성했다. 당신이 정기적으로 경력 기술서를 업데이트한다면, 매번 이 체크리스트를 들여다보면서 전체적인 커리어를 업그레이드해 보라. 더욱 완성도 높은 경력 기술서를 쓰게 될 것이다.

경력 기술서 체크리스트

- [ ] 기간, 성과, 역할, 획득 기술을 작성하였는가?
- [ ] 성과를 서술형이 아닌 개조식으로 작성하였는가? (전제: 기업에서 서술형을 요구하지 않았음)
- [ ] 핵심적인 내용 외에 다른 내용이 많지는 않은가?
- [ ] 해석이 필요 없는 객관적이고 직관적인 숫자 혹은 결과물로 작성하였는가?
- [ ] 성과를 달성하기 위한 나의 역할을 3~5가지로 기재했는가?
- [ ] 지원하는 직무, 산업, 회사와 일치도가 떨어지는 경력 내용을 제거하였는가?
- [ ] 경력 기술서에 기술한 경력의 수가 "총 경력 기간 / 2" 보다 많은가?

고민살롱 #3

Q. 회사에서 열심히만 하면 안 되는 이유

저는 대기업 연구원입니다. 현재 물품 관리하는 일을 맡고 있는데 불합리할 정도로 일이 많고 인력적 구조 문제도 겪고 있습니다.

타 품목은 보통 4-5명, 가지 수가 많은 품목은 20명에서 담당하지만 그 일을 저는 혼자서 담당하고 있습니다.

제 바로 위 상사가 6년 정도 혼자서 담당했으나 그만두게 되어서 제가 혼자 담당하게 되었습니다. 담당한 지 한 달 만에 다른 막내 일까지 모두 저에게 주어졌습니다. 처음에 받았을 때는 그래도 이슈가 많지 않은 품목이었기에 그럭저럭 할 수 있었습니다.

그런데 글로벌 이슈로 인해 제가 담당하는 품목의 수급이 부족해졌고, 사장 보고 팀 보고 등 보고 업무 및 실무의 업무량이 폭발했습니다.

바로 위 사수가 없으니 상사에게 직접 보고할 일이 많아졌습니다. 그런데 상사가 저의 업무 스타일을 마음에 들어 하지 않아 잦은 짜증으로 주눅이 든 상태입니다.

상사가 그러거나 말거나, 다른 사람들이랑 잘 지내면서 업무적으로 불합리한 것을 티 내고 당당하게 내가 한 일을 어필해도 될까요?

아니면 내가 하는 일을 마음에 들어 하지 않으니 그냥 어필도 못하고 있어야 할까요?

A.

이런 사연 또한 쉽지 않은 상황이다. 일도 많고 다른 사람들이랑 비교했을 때 책임이 너무 막중해 보인다. 당연히 상대적으로 마음이 불편할 수도 있고 '계속 이렇게 일해야 되는지' 고민할 수 있다.

필자가 회사의 입장을 한번 설명해보겠다. '왜 이런 일이 일어났음에도 불구하고 회사는 나에게 별다른 조치를 취하지 않는가?' '그리고 왜 나는 이렇게살아야 되는가?'를 이해하는 데에 단서가 될 것이다.

회사의 인사팀이 존재하는 근본적인 이유는 회사의 생산성을 끌어올리는 것이다. 생산성이 높아진다는 의미는 더 적은 인원을 투입하거나 더 적은시간을 소요하여 동일한 업무를 처리한다는 뜻이다. 또는 동일한 사람이나 동일한 시간에 더 많은 일을 효율적으로 처리하게 되었다는 의미이기도 하다.

생산성은 중요하다. 생산성이 떨어지면 워라벨은 당연히 꿈 꿀 수도 없다. 그래서 회사는 어떤 형태로든 생산성을 끌어올리려고 노력한다. 생산성을 끌어올리는 방법이 여러 가지이지만, 대표적인 방법은 두 가지이다.

첫 번째, 인력을 줄여보는 것. 팀원이 퇴사해도 일부러 인력을 충원하지 않고 내버려 둔다. 인력이 줄어든 곳에 배치된 사람은 일을 빨리 해결하기 위해 프로세스도 바꾸고 불필요한 일을 줄인다. 그렇게 고군분투하다 보면 생산성이 높아진다.

물론 불만이 속출할 수는 있다. 그러나 회사 입장에서는 한번 지켜볼 수 있다. 새로운 인력을 충원시킨다고 말만 하고 성과 품질이 떨어지는지 측정한다.

두 번째 방법은 낮은 직급 또는 저 경력자에게 일을 맡겨보는 것이다. 저 경력자에게 맡겼는데도 품질에 큰 차이가 없고 심지어는 성과가 더 좋다면 생산성이 올라간 것이다.

이렇게 해서 점차 조직력을 끌어올린다. 실력 있는 인사팀이라면 의도를 가지고 이렇게 일한다. 필자도 재직시절에 의도를 가지고 이런 일을 했던 경험이 있다.

이런 관점에서 오늘의 사연은 의도치 않게 회사의 생산성이 향상된 상태이다. 회사의 수익성이라든지 회사의 성장성이 굉장히 좋아지고 있다. 물론 다른 것들이 어렵고 힘들고 답답할 수 있지만, 결과론적으로는 좋아지고 있다는 뜻이다.

그런 맥락에서 보았을 때, 사연 보내주신 분의 생각을 이렇게 바꿀 수도 있지 않을까? '지금 내가 이 역할을 맡은 것만으로도 회사에 큰 기여를 하고 있다'라고. 자신감을 가져보라.

당연히 상사였던 사람과 자신의 역량 차이가 있을 것이다. 원래 사수가 필요했던 일을 혼자 다 처리하는데 어떻게 성과가 똑같을 수 있는가. 여태까지는 상사의 연륜과 커뮤니케이션 스타일이 일을 종합적으로 처리했었을 것이다. 그러나 이미 생산성은 올라

갔고 이제는 생산성을 안착시키는 단계로 들어간 상황이다. 사연 보내주신 분의 머릿속에 레벨을 구분해서 '이제 새롭게 도전해야 될 영역으로 올라왔구나' 라고 이해하면 마음이 한결 편해질 것이다.

이 사연을 다르게 보면, 상사가 들였던 시간과 상관없이 그 사람만큼 성장할 수 있는 기회라고도 해석할 수 있다.

어떤 이들은 "이게 무슨 기회냐"고 반문할 것이다. "돈 조금 주고 부려 먹으려는 거 아니냐"라고 말할 것이다. 맞는 말이다. 그런데 회사는 그걸 하는 조직이다. 생산성을 높인다는 말이 다른 말이 아니다. 그런데 이것이 직원 입장에서도 그리 나쁜 것이 아니다. 왜냐하면 취업시장에 분포한 일반적인 사람들과 비슷한 일을 한다면, 이직도 쉽지 않을 뿐만 아니라 연봉이 올라갈 이유가 전혀 없기 때문이다. 지금 회사에서 연봉이 인상되지 않더라도, 몇 가지 성과만 낼 수 있다면 이직할 때에는 연봉이 점핑할 수 있다.

그래서 필자가 경력 기술서를 먼저 작성해보고 내가 어디쯤 왔는지 체크해보라고 말하는 것이다. 시장에 분포된 비슷한 연차를 가진 사람들과 비교해서 나는 어느 정도의 스펙을 쌓고 있는지를 확인해보라.

오늘 사연을 보내신 분의 고민은 이것이었다. '업무가 쏟아지

는 상황에서 가만히 있어야 되냐 아니면 불만 섞인 말이더라도 어필해야 하느냐'

나는 어필을 하는 게 좋다고 가이드라인을 주고 싶다. 다만 어필의 포인트가 '내가 이렇게 일을 많이 하고 있어요'보다는 '내가 이런 기여를 하고 있어요'라는 식으로 어필하는 게 좋을 것이다. 그래야 회사 입장에서도 고마움이 생기기 때문이다.

불만을 표출해서 바뀌는 것은 별로 없다. 인사팀이나 회사가 정말 똑똑하게 생산성을 측정하고 있다면 아마 더 지켜볼 가능성이 높다. 불만이 있더라도 더 지켜보아서 이 사람이 자리를 잡는지를 테스트할 것이다.

만약 아무 생각 없는 무능력한 인사팀이라면, 사연 남을 불평만 하는 사람으로 낙인찍을 확률이 매우 높다. 그렇기 때문에 불평하기보다는 '내가 이런 기여를 하고 있고 이런 것에 도전하고 있는데, 이런 부분을 지원해 줬으면 좋겠다.' 또는 '내가 안 하던 상사 역할까지 하다 보니 이런 어려움이 있는데, 참고하거나 도움받을 수 있는 게 무엇인지 궁금하다'는 식으로 인터뷰를 시도하는 게 가장 현명하지 않을까 싶다.

회사 생활을 하다 보면 당연히 어려운 상황도 있고 힘든 상황도 있다. 난관을 어떤 관점으로 어떻게 해석하느냐에 따라서 어려움이 나를 성장시켜주는 모멘텀이 될 수도 있고, 짜증 나고 힘들고 불만스러운 상황에서 그냥 끝나버릴 수도 있다.

우리가 불평불만을 하건 긍정적으로 바라보건, 내 환경은 사실 별로 바뀌지 않을 것이다.

환경이 바뀌지 않는다면, 기왕이면 긍정적으로 해석해서 내가 얻을 수 있는 경력을 확실히 업그레이드하는 기회로 활용해보자.

고민 살롱 영상 바로가기 >

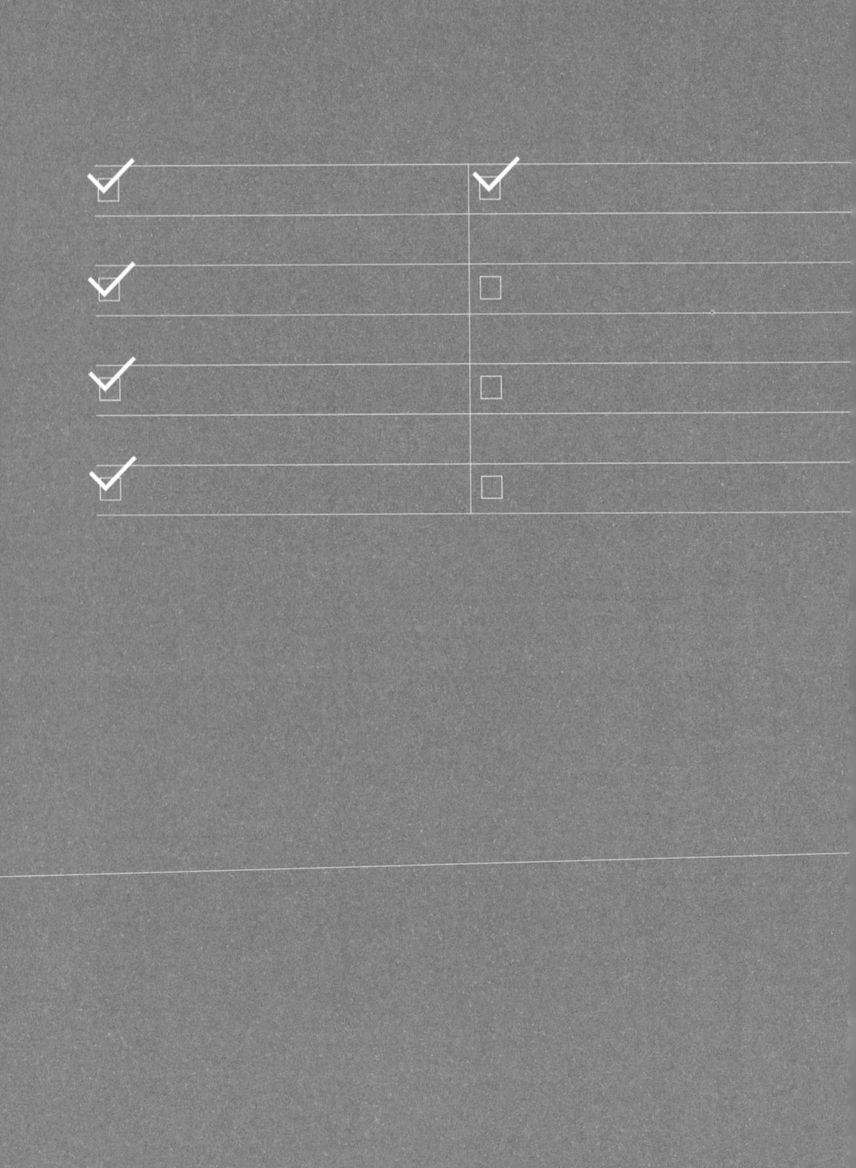

STEP 5

퇴직 사유 준비 가이드

면접관이 의심하지 않는 퇴직 사유

면접을 염두에 둔 퇴직 사유 만들기

퇴직 사유를 본격적으로 준비하기 전에, 대표적인 퇴직 사유의 실제 사례를 정리해보고, 퇴직 사유에 대한 면접관의 후속 질문을 상상해보자. 수많은 임상실험을 토대로 대표적인 실제 퇴직 사유를 뽑아보았다.

| 대표적인 퇴직사유와 면접관의 질문 시뮬레이션

Case 1

"회사에서 제가 담당한 업무의 중요성을 모르고 의지가 없어 일이 거의 없는 상황입니다. 현재 분사로 인하여 회사 내 분위기가 심란하여 커리어를 쌓을 수 있을지에 대한 의문이 생겨 이직을 고민하고 있습니다"

담당하고 있는 업무가 중요하지 않다면, 애초에 지원자분을 왜 뽑으셨다고 생각하세요?

입사 후에 성과라고 자랑할만한게 있다면 무엇일까요?

지원자 분께서 생각하고 계신 커리어의 최종 목표는 무엇인가요?

Case 2

"현재 종사하고 있는 업의 비전 및 미래가치가 너무 불확실합니다. 회사 매출이 좋지 않다고 2년째 전 직원이 승진되지도 않고, 연봉 또한 동결되어 이 업계에 계속 있으면 안 되겠다고 생각했습니다."

(동종업계인 경우) 우리 회사도 같은 업계인데, 그렇다면 산업을 바꾸셔야 하는게 아닌가요?

(업계를 전환한 경우) 우리 업계 경험이 없는데, 얼마나 알고 계신가요?

Case 3

"회사가 업무의 우선순위를 자주 변경합니다. 팀원이 저 혼자인데 제가 소화 가능한지 물어보지도 않고 새로운 업무가 계속 추가되는 등 팀장과의 커뮤니케이션의 어려움으로 퇴사했습니다."

팀장님께 먼저 물어보거나, 우선순위에 대해서 같이 정리해 볼 수는 없었을까요?

Case 4

"계약직에서 정규직 전환에 실패했고, 정규직 전환이 불확실하여 퇴사를 고민하고 있습니다."

정규직 전환이 안 된 이유가 뭐라고 생각하세요?

Case 5

"반복적인 일이 아닌 발전과 미래가 있는 일을 하고 싶어서 입니다."

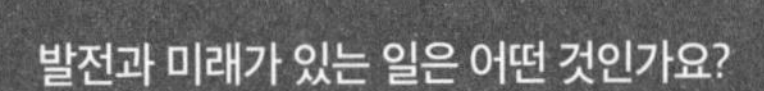

발전과 미래가 있는 일은 어떤 것인가요?

Case 6

"현 회사에서 전공 사수가 없어 전공지식을 쌓을 수 없습니다."

직무 전문성을 쌓기 위해 노력하신 것은 어떤 것이 있나요?
현재는 어떤 전문성이 있다고 보세요?

퇴직사유를 준비하기 어려운 이유

퇴직 사유를 준비하기 어려운 이유는, 모범답안이 없기 때문이다. 진짜 퇴사하고 싶었던 이유를 솔직히 이야기하자니 인사팀이나 면접관이 안 좋아할 것 같고, 그렇다고 대충 둘러대자니 솔직하게 답변해보라는 질문을 받을 것 같다. 퇴직 사유에 대한 나의 기본적인 입장은 솔직한 것이 가장 중요하다는 것이다. 하지만 솔직함에도 기준이 필요하다. 똑같은 말을 어떻게 표현하느냐에 따라 상대방이 납득할 수도 있고 오해할 수도 있기 때문이다.

퇴직 사유는 커리어에 대한 기준을 세워주기도 한다. 내가 어떤 상황을 힘들어하고 어떤 상황에서 일하고 싶어 하는지를 정리할 수 있는 중요한 과정이므로, 단순히 면접을 잘 보기 위한 하나의 방편으로만 생각하지 말고 진지하게 고민해보자.

이번 챕터에서는 반드시 체크해야 할 퇴직 사유의 요소들을 함께 알아볼 것이다. 앞서 말했듯이 퇴직 사유에는 정답이 없다. 면접관이 정답을 판단하기보다 지원자 스스로 정답인지를 판단해야 하는 경우가 많다. 불필요한 오해를 줄이고 뽑는 사람 입장에서도 명쾌한 퇴직 사유를 정리해보자.

가장 많이 하는 퇴직 사유 실수 4가지

먼저, 가장 많이 하는 실수를 알아보겠다. 실수를 먼저 알아보는 이유는 이직자 대부분의 생각이 비슷하기 때문이다. 아래 내용들을 하나씩 점검하면서 나의 퇴직 사유와 어떻게 다른지 비교해보자.

Case 1 남 탓

퇴직 사유가 어떠하건 간에, 문제의 원인을 외부에서 찾는 행위는 적절하지 않다. 경력면접에서는 더더욱 부정적으로 평가될 수 있다. 신입사원을 뽑는 경우에는, 지원자들이 아직 사회생활을 경험해보지 않았고 조직 내에서의 관계를 충분히 생각할 여유가 없었기 때문에, 미숙한 부분을 넘어가 줄 수 있다. 하지만 경력직은 말 그대로 경험이 있고, 맡은 바를 잘 할 수 있는 사람을 뽑고 싶기 때문에 기본적으로 성숙한 사람을 채용하고자 한다. 성숙한 사람에게는 여러 가지 특징이 나타는데, 그중 가장 두드러진 특징이 문제의 원인을 나에게서 찾는 자세이다. 문제를 덮어두고 무조건 '내 탓이오'를 읊으라는 말이 아니다. 현상과 원인을 분석하는 관점에 대해 이야기하는 것이다. 예시를 통하여 구체적으로 이해해보자.

> 지속적으로 업무 영역을 확장하고 조직에서 중용되는 인재로 성장하기엔 계약직 직원에게 주어지는 업무가 한정적이었습니다. 스스로 업무를 공부하고 업무 영역을 확장하며 조직에서 인정 받는 직원이 되고 싶었으나, 업무에 접근할 수 있는 범위를 고려했을 때 이는 현실적으로 어렵다고 생각했습니다.

이런 퇴직 사유는 현상과 원인을 전혀 구분하지 못한 케이스이다. 현상은 '업무의 범위가 한정적'이었다는 것과 '인정받지 못했다'는 것이다. 하지만 현상의 원인을 '계약직'으로 짚기에는 다소 아쉽다. 과연 계약직이라서 업무가 한정적이었을까? 그럴 수도 있다. 하지만 자신의 탁월함을 보여주었다면 회사는 어떻게든 더 많은 업무를 주려고 하였을 것이다. 물론, 조직문화와 업무방식이 후진적인 탓에 계약직에게 별도의 업무를 주지 않는 관행이 있을 수도 있다. 그렇다면, 이러한 이유 외에도 훨씬 더 많은 퇴직 사유를 꼽을 수 있었을 것이다. 그러니 계약직에서 오는 한계를 극복하지 못한 점을 굳이 퇴직 사유로 뽑을 필요는 없어 보인다.

퇴직 사유를 보충해보자. 자신이 어떠한 도전을 시도했으나, 계약직에게는 도전적인 업무를 맡길 수 없다는 이유로 반려되었다면 퇴직 사유가 더 합리적이게 된다. 이전의 퇴직 사유는 문제의 원인을 외부로 돌렸기 때문에, 문제극복을 위한 어떤 노력도 하지 않았다고 해석될 수도 있다. 모든 계약직원들의 업무가 한정적일까? 그렇지 않다. 오히려 한정적으로 시작한 계약직이 탁월하게 업무를 수행해서 정규직 전환을 제안받는 경우도 자주 있다. 이런 경험이 자신의 탁월함을 증명하는 이력이 되는 것이다. 정규직 제안을 받았음에도 불구하고 더 나은 기회와 도전을 위해서 퇴사한다는 사유보다 완벽한 퇴직 사유가 있을까? 남 탓의 오류에 빠지지 않기 위해서는, 나의 노력과 도전이 설명되어야만 한다.

Case 2 물리적 환경

최근의 퇴직 사유 중 가장 많은 비중을 차지하는 사유이다. 집이 멀어서 퇴사하거나, 회사의 시설이나 장비들이 낙후되어 퇴사한다거나, 심지어 회사의 인테리어 및 분위기가 취향과 맞지 않아 퇴사한다는 등의 내용이다.

이런 사유들에는 오해의 소지가 있다. 대부분의 물리적 환경은 입사하기 전에도 충분히 파악할 수 있는 사안들이다. 그럼에도 불구하고 입사하였는데 결국 퇴사하였다면, 면접관 입장에서 우리 회사에서도 마음이 변하여 퇴사할 가능성이 남아있어 보일 수 있다. 다르게 이야기한다면 회사생활에 직결되는 아주 중요한 요소가 아님에도 불구하고, 이것을 이유로 퇴직한다는 것 자체가 기성세대 혹은 어르신 세대 입장에서는 이해하기 어려울 수 있다. 다음의 사례를 보도록 하자.

> **이전 직장의 거리가 너무 멀어서 퇴사하게 되었습니다.** (직장과 집의 거리가 먼데 야근까지 잦아 업무에 대한 집중도가 떨어지는 것을 느끼게 되었습니다)

실제로 하고 싶었던 말은 괄호 안에 있는 내용이었을 것이다. 집이 먼 게 문제가 아니라, 야근이 잦은 것이 문제점이다. 여기서 한 단계 더 들어가 보면, 잦은 야근보다, 의미 없는 야근 혹은 개선되지 않는 상황이 문제라고 느꼈을 수 있다. 현상과 원인을 구분하지 않으면, 말하는 입장에서도 무언가가 이상하다고 느낄 수 있다. 현상보다 원인으로 퇴직 사유를 설명하기 위해 노력해야 한다. 원인을 짚어보면 생각보다 쉽게 정리될 수 있다.

또한, 물리적 환경을 언급할 때에는 반드시 라이프스타일의 변화와 함께 말하는 것이 좋다. 물리적 환경이 바뀌지 않았을 수 있다. 환경이 바뀌지 않았다면 바뀐 것은 '나 자신'이다. 결혼이나 이사, 건강과 관련된 라이프스타일의 변화가 있었다면 물리적 환경이 불만족스러워진 게 충분히 납득할만하다. 하지만 라이프 스타일이 바뀌지 않았는데도, 입사하기 전부터 인지하고 있던 회사와의 거리를 갑자기 문제 삼는 것은 일관성이 떨어져 보일 수 있다.

Case 3 막연한 성장

물리적인 환경과 함께 가장 많이 꼽히는 퇴직 사유이다. 우리 모두는 성장을 추구한다. 우리가 추구하는 성장의 끝에는 언제나 전문가라는 목표가 있다. 그런데 전문가 혹은 성장이 대체 무엇인지도 모른 채 막연한 성장과 전문성을 추구한다면 문제가 생긴다. 기업에서 원하는 전문성의 수준은 우리의 생각보다 깊다. 전문성을 기르는 방법들도 다양하다. 하지만 안타깝게도 많은 직장인들이 아무런 실체 없는 전문성을 추구하고자 이직에 도전하고 있다. 다음 사례를 보자.

> “
>
> **(추상적인 회사의 경쟁력)** 00산업의 00전문가로 성장하는 것이 저의 목표입니다. 빠르게 변화되고 있는 사회를 보며 미래 사업에 관심을 갖고 있던 중 00산업의 지속적인 발전 가

능성을 인상 깊게 보았습니다. 현재 00산업에서 최고 수준의 기술력을 바탕으로 계속해서 성장하고 있는 00회사를 알게 되었습니다. 00회사에 입사한다면 00전문가로서 성장할 수 있을 뿐 아니라 00산업의 전문성을 높일 수 있는 기회라 생각하여 이직을 결심하게 되었습니다.

여러 말들을 하지만, 하려는 말은 단순하다. '이직하면 전문성을 갖출 수 있다'. 면접관 입장에서는 곧바로 질문거리가 떠오른다. '우리 회사가 전문성을 갖추지 못한 당신을 왜 뽑아야 하는가?'

이번 사례가 이상하다고 느낄만한 이유는 간단하다. 퇴직 사유에 현상도 원인도 없기 때문이다. 사실 정확히 말하자면, 이건 퇴직 사유라기보다 지원동기에 가깝다. 퇴직 사유는 이전 회사에서 퇴직한 사유를 말한다. 즉, '나의 방향성과 목표는 무엇인데, 내가 추구하는 바와 회사가 어울리지 않아 어려움을 겪었다'는 내용이 나와야 한다. 여기서 현상은 회사의 구조와 상황이고, 원인은 나의 방향성이다. 물론, 여기서도 남 탓이 되지 않도록 나의 노력과 도전 항목을 열거해야 남 탓의 함정을 피할 수 있다.

Case 4 일관성 부족

이 챕터의 주제는 퇴직 사유이다. 기업은 지원자의 퇴직 사유를 보다 넓은 관점으로 바라본다. 중요하게 살피는 점은 재퇴사 여부이다. 우리 회사로 이직한 후에도 동일한 이유로 퇴사하지 않

"

[퇴직 사유]

6개월 이내 퇴사자가 3명 생기면서, 담당해야 하는 행사의 개수가 1개에서 4,5개로 늘어나 업무량이 너무 늘어났습니다. 개선될 여지가 보이지 않아서 퇴사를 결심하게 되었습니다.

[지원 동기]

이 회사는 업계 1위로 새로운 도전을 많이 하는 기업으로 알고 있습니다. 그동안 경험했던 다양한 경험을 더욱 펼쳐볼 수 있는 좋은 기업이라 생각하여 지원하였습니다.

[면접관 질문]

새로운 도전을 많이 한다는 것 자체가 많은 일을 하는 것인데, 실제로 우리 회사도 업무량이 많기도 합니다. 괜찮을까요?

해설 : 퇴직 사유는 업무량, 지원 동기는 기회로 준비했지만, 과정에서 발생하는 노력의 연결성을 생각하지 않은 경우이다. 지원 동기를 먼저 정리하고, 충돌하지 않을 퇴직 사유를 정리하는 것도 좋은 방법이 될 수 있다.

을지를 살핀다. 그렇기에 퇴직 사유가 참된 이유인지 일관성 또한 꼼꼼히 따진다. 예를 들어보겠다.

앞서 언급한 4가지 퇴사 이유는 우리 머릿속에 가장 많이 떠오르는 사유이다. 퇴직 사유들 자체가 잘못되었다기보다, 같은 말이라도 '아' 다르고 '어' 다르게 들릴 수 있으니, 조금 더 깊게 분석해서 합리적이고 납득할만한 퇴직 사유를 정리하자는 취지로 꼽아보았다. 퇴사 사유를 정리하는 과정을 통해, 자연스럽게 커리어에 대한 관점과 회사를 고르는 기준을 갖게 될 것이다.

본질적 퇴직 사유와 트리거적 퇴직 사유

앞에서 퇴직 사유를 정리할 때 현상과 원인을 구분할 필요가 있다고 언급한 바 있다. 사실 누군가에게는 현상이 원인일 수 있고 반대로 원인이 현상이라고 느낄 수도 있다. 사람마다 생각하는 바가 다르고 처한 상황이 다르기 때문에 현상과 원인을 쉽게 구분하기 어려운 것이 사실이다. 수많은 면접을 주관하며, 지원자들이 진짜 퇴직 사유를 파악하지 못하고, 현상만 기억하는 모습을 많이 보았다. 상사가 나에게 욕을 해서 퇴사하는 것이 본질적인 퇴직 사유인가? 아니면 평소에 퇴직하려던 마음에 불을 지피는 하나의 사건일 뿐인가? 연봉 재계약에서 원하는 대우를 받지 못해 퇴사한다면 재계약이 문제인가? 아니면 평소 나의 기여가 올바르게 대우받지 못한다는 생각이 있었는데, 연봉 재계약을 통해 생각에 확신이 든 것인가? 퇴직 사유는 언제나 본질적인 사유로 정리하는 게 좋다.

퇴직자들의 마음속 깊은 곳 어딘가에는 충족되지 않는 요소가 있다. 그 요소를 자극하는 현상 즉, 트리거적 사건이 일어나면 충족되지 않았던 마음을 알게 된다. 퇴직 사유를 정리할 때, 항상 본질적 퇴직 사유와 트리거적 퇴직 사유를 구분하는 노력을 해보자. 퇴직을 하지 않더라도, 이런 구분 자체가 스스로에게 안정감을 갖게하고 깊은 생각을 하게 만든다.

현상과 원인을 구분하는 데에 도움이 될만한 이론으로 매슬로우 욕구이론을 소개하고 싶다. 사실 이 이론은 우리 모두가 알고 있고, 개념적으로도 이해하고 있기 때문에 대단한 부연 설명이 필요 없다. 내가 수많은 사람들을 만나면서 알게 된 사실은, 커리어도 매슬로우 욕구 이론에 크게 벗어나지 않는다는 점이다. 욕구이론이 무조건 정답이라고 말할 수는 없어도, 최소한 혼란스럽거나 정리가 어려울 때 우리에게 도움을 줄 것이다.

매슬로우 욕구 이론을 간단히 정리해보자. 사람에게는 크게 다섯 단계의 욕구가 있다. 낮은 단계의 욕구가 충족되면 바로 다음 단계의 욕구를 추구하게 된다. 그래서 낮은 차원의 욕구를 채우기 위해서 도전해봐야 만족할 수 없는 것이다. 가장 기초적인 단계는 생리적 욕구이다. 생리적 욕구가 동물과 사람을 구분 짓는 핵심적인 요소이다. 동물은 배부르면 사냥하지 않는다. 하지만, 사람은 배가 불러도 끊임없이 도전한다. 결론적으로 이론에 따르면, 우리 모두는 최상의 욕구인 자아실현의 욕구를 향해 달려가는 과정에 놓여있다.

일반적으로 리더십 역할을 맡고 있거나, 지도자를 꿈꾸는 사람들은 대부분 상위 욕구 단계에 머물러 있다. 우리는 커리어를 통해서 성장하는 것이 목적이기 때문에, 상위 욕구를 잘 이해할 필요가 있다. 다시 한번 강조하지만, 회사에서의 승진이 자아실현을 뜻하지는 않는다. 내가 말하는 자아실현은 더욱 의미 있는 일, 영향력 있는 일에 도전하는 정신이다. 승진이나 발탁은 자아실현 과정에서 자연스럽게 얻어질 부수적인 것이다. 그렇다면, 매슬로우 욕구 단계와 퇴직 사유를 매칭시켜보자.

매슬로우 욕구 이론

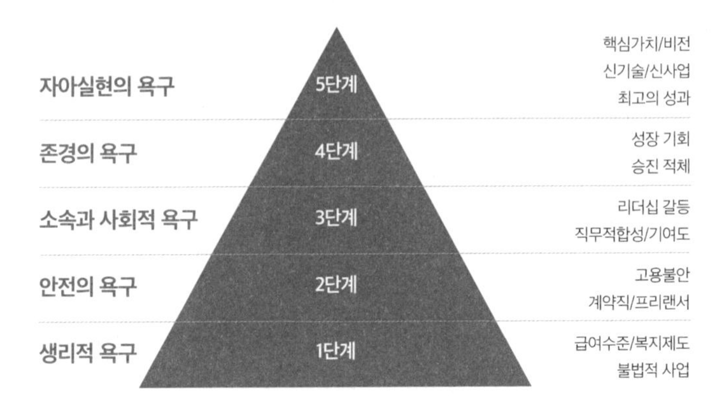

각 단계에 해당하는 요소는 필자가 임의로 구분했음을 밝힌다. 사람마다 판단기준이 다르기 때문에 누군가에게는 '성장 기회'가 생리적 욕구로 해석될 수도 있고 '승진 적체 이유'가 안전의 욕구에 위배 된다고 느낄 수 있다. 위 그림은 일반적으로 사용하는 지원동기, 퇴직 사유 동인들을 정리한 그림이며, 실제 면접장에서 면접관으로서 받은 느낌을 토대로 구분하였다. 각자가 생각이 다를 수 있지만, 인사팀과 면접관의 입장은 이렇구나 하고 이해하면 된다. 각 욕구 단계에 대해서 알아보도록 하자.

매슬로우 욕구 1~2단계 : 생리적 욕구 & 안전의 욕구

급여수준과 복지 제도 등이 생리적 욕구에 해당된다. '돈만 많이 주면 뭐든지 하겠다'라는 시대적 풍조가 있다. 하지만 실제적으로 돈을 많이 받고 무엇이든 다하는 경우는 없다. 급여와 복지제도는 입사 전에 이미 알 수 있고, 상호 합의하에 계약한 것이기 때문에, 퇴직 사유로는 아쉬운 사항이다. 급여가 적었어도 근로를 계약했다면, 장기적인 성장을 위한 경력을 쌓기 위함이었을 것이다. 이같은 경우에는, 급여나 복지제도를 퇴직 사유로 간주하기보다, 성장할 수 없는 환경과 상황이 근본적인 퇴직 사유였다고 할 수 있다.

또 이런 퇴직 사유는 면접장에서 듣기 유쾌한 사유는 아니다. 우리 회사의 수준에 대해서도 입사 후에 생각이 바뀔 수 있고, 돈을 더 주겠다는 회사가 나타나면 금방 이직할 수 있다는 인상을 남기기 때문이다.

생리적 욕구 단계에서 퇴직 사유로 삼을만한 요소가 있다. 바로 불법적인 사업이다. 사업 전체가 불법은 아니더라도, 일부 불법적인 요소를 포함하거나, 위험성을 보고해도 조치나 개선이 이루어지지 않는다면, 분명한 퇴직 사유로 삼을만 하다. 이런 사유는 재직 중인 회사의 철학과 원칙이 문제인 경우이기에 불필요한 오해를 사거나 공격받을 여지가 거의 없다. 불법적인 지시를 지속적으로 받고 있거나, 회사가 조치를 취할 의지가 전혀 없다면 안심하고 퇴직 사유로 제시하자.

안전의 욕구에 해당하는 사안은 '고용불안'과 '계약직/프리랜서'이다. 고용불안은 회사가 지속적으로 사업을 영위하기 어려운 상황이거나, 예산으로 운영되는 공공기관의 예산이 축소되는 경우이다. 최근 몇 년간 굉장히 많은 기업들이 코로나와 경기침체로 어려움을 겪고 있어 고용불안이 심화되고 있다.

나는 계약직이라는 특성보다 고용불안이 더 적합한 퇴직 사유라고 정리하고 싶다. 실력이 증명되고 성과를 낸 계약직원은 정직원 전환제의를 받을 확률이 높기 때문이다. 정직원 전환 제안을 받지 못해서 퇴직한다는 사유는 당사자의 실력에 의문만 가지게 만든다. 하지만 회사가 어려워져서 퇴사할 수밖에 없었던 사유는, 비교적 사실 중심의 답변이면서, 개인이 관리할 수 있는 영역이 아니기 때문에 합리적인 퇴사 사유라고 비춰진다. 다만 책임자급이 이직할 경우에는 예외이다. 회사가 어려움을 극복하는 데에 책임을 지지 않고 먼저 퇴직을 시도하는 것처럼 비춰질 수 있기 때문에, 책임감이나 무능력의 이슈로 불이 옮겨붙을 수 있다.

종합적으로 판단할 때, 생리적 욕구&안전의 욕구 단계의 내용을 퇴직 사유로 내세우기보다는, 상위 욕구 단계의 내용을 먼저 이야기하며 보다 근본적인 퇴직 사유를 말해보자. 근본적인 사유를 말한 뒤에, 이 단계에 해당하는 내용들을 '이런 문제도 있었다'

는 식으로 첨언하면 아무런 문제가 없을 것이다. 중요한 것을 먼저 이야기하고 내가 느꼈던 어려움을 함께 제시하는 것은 상대방을 설득하는 지혜로운 처사라고 할 수 있다.

이 단계에 해당하는 퇴직 사유의 예시와 그에 따른 면접관의 질문을 보자.

퇴직사유

"시도 때도 없이 야근하는데도 아무런 수당이 없었습니다. 도저히 계속 근무할 수 없었고, 성장과 안정을 위해 퇴사했습니다."

면접관 입장에서 해석

1. 야근의 원인은 회사의 시스템에만 있는가?
2. 매출이나 수익에는 얼마나 기여했는가?
3. 성장을 위해서 무엇을 시도해 봤는가?

예상 후속 질문

"1. 야근을 줄이기 위한 노력은 해보신 적이 있나요?

2. 모두가 야근하는 분위기였나요? 아니면 지원자께 일이 집중되는 경우였나요?

퇴직사유

"회사 내부 인센티브 제도가 성과만큼 보상이 되지 않았습니다."

면접관 입장에서 해석

1. 자신의 기여도가 얼마나 되는지 알고 있나?
2. 회사의 투자 과정에 대한 이해는 있는 건가?

예상 후속 질문

1. 어느 정도가 적당한 인센티브라고 생각하세요?
2. 성과에 대한 자신의 기여도를 비율로 말씀하시고, 근거에 대해서 알려주실래요?

퇴직사유

"회사가 아무런 복지제도가 없고, 복리후생에 관심이 없어서 인재를 소중히 생각한다고 느낄 수 없었습니다."

면접관 입장에서 해석

1. 회사를 사회적 기업 정도로 생각하나?
2. 인재를 소중히 생각한다는 게 무슨 뜻인가?

예상 후속 질문

1. 어떤 복지제도가 필요하다고 생각하시나요?
2. 우리 회사에도 그런 제도는 없는데 괜찮으실까요?

퇴직사유

"투자 지원을 요청했음에도 지원해주지 않고 성과만 요구했습니다."

면접관 입장에서 해석

1. 요청한 투자가 회사 입장에서도 적절한 것이었나?
2. 성과를 요구하는 것이 왜 문제이지?

예상 후속 질문

1. 지원 요청이 받아들여지지 않은 피드백을 받아보신 적이 있으신가요?
2. 제한된 여건내에서 성과를 내기 위한 노력은 어떤 걸 하셨나요?

모든 것을 가성비라는 개념으로 이해해야 한다. 급여가 낮거나 계약직인 것이 문제가 아니라, 나의 기여에 비해 조건이 안 맞는다고 느껴야 올바르게 느끼는 것이다. 그렇게 느낀다면, 나의 기여에 초점을 맞춰야 하고, 객관성을 갖추어 가성비가 맞지 않음을 잘 설명하면 된다.

매슬로우 욕구 3단계 : 소속과 사회적 욕구

소속과 사회적 욕구는 매우 중요하다. 이 단계에 해당하는 내용부터 퇴직 사유로 말할 수 있다. 하지만, 몇 가지 수의해야 할 부분이 있어서 면밀히 따져보아야 한다. 이 단계에 주로 등장하는 사유가 적응력과 의사소통, 관계이기 때문이다.

주로 직무 적합성과 기여도, 조직 내에서의 관계 등이 퇴직 사유로 거론되곤 하는데, 면접관이 어떻게 생각하는가에 따라 심각한 사유가 될 수도 있고, 합리적인 이유로 비춰질 수 있다.

1. 직무 적합성 / 기여도

어느 상황에서나 직무 적합성과 관련된 퇴직 사유는 좋지 않다. 만약 직무적합도가 떨어진다면, 직무를 바꾸어서 이직하는 것이 맞다. 하지만 퇴직 타이밍에서 다룬 바와 같이, 직무를 변경할 수 있는 기간은 일반적으로 총 경력 3년 이내이다. 만약 3년이 넘었다면, 직무 적합성을 퇴직 사유로 제시하는 것은 좋지 못한 생각이다. 직무 전문성에 의문을 불어넣기 때문이다.

직무 적합성보다는 직무를 수행하는 환경 혹은 기여도를 사유로 정리하는 것이 좋다. 회사에 기여하지 못했던 환경적인 지점들과 절차, 구체적인 상황들을 설명해보자. 일반적으로 조직구조와 일하는 방식이 여기에 해당한다. 이런 퇴직 사유에는 회사에 기여하고자 하는 태도와 노력이 있었음을 직접적으로 설명해야 한다.

[직무 적합도 / 기여도를 잘 설명한 퇴직 사유 예시]

(총무에서 회계 직무로 전환하기 위한 퇴직 사유)

담당자 분의 육아휴직으로 갑작스럽게 회계 팀장님을 도와서 결산 및 외부감사를 보조할 기회가 있었습니다. 회계 업무를 보조하고 3년치 자료를 검토하고 대체전표를 작성하면서 기존에 하던 업무를 할 때보다 더 성취감을 느낄 수 있었고 직무를 변경하고 싶다고 생각하게 되었습니다. 기존에 다니던 회사에서는 직무 전환을 할 수가 없는다는 인사팀의 답변을 받고 고민 끝에 퇴사를 결심하게 되었습니다.

해설 : 위에서 설명한 것처럼 일하는 방식과 인사팀과의 면담 내용을 기반으로 작성된 퇴직 사유라서 적절하다.

2. 관계

대인관계 문제로 퇴직하는 것 역시 언제나 주의해야 한다. 기업은 팀으로 일하는 곳이지 혼자 일하는 곳이 아니다. 모든 기업은 조직에 자연스럽게 융화할 수 있는 사람과 함께 일하고 싶어 할 수밖에 없다. 관계라는 측면에서 크리티컬한 퇴직 사유는 상사와의 갈등이다. 이것은 어떤 경우에도 피하라고 조언하고 싶다.

아무리 합리적인 이유와 근거가 있다 하더라도, 면접관 역시 상사의 입장에서 당신을 바라볼 수밖에 없다. 상사와의 관계에서 겪은 어려움은 퇴직 사유뿐 아니라, 면접 중에도 언급을 피하는 것이 좋다.

[관계로 인한 퇴직사유를 아쉽게 표현한 케이스]

- 사업에 대한 이해가 없는 기관장이 조직을 리드하면서, 조직의 성장 불가하다고 생각해서 퇴사했습니다.
- 회식자리에서 상사가 다른 업체 사람들에게 업무 능력 부족하다고 말하는 모습을 보고 비인격적이라 생각하여 퇴사했습니다.

해설 : 주관적인 판단으로 이해될 수 있다.

상사를 포함하여 동료나 부하 직원과의 관계로 퇴사했을 수 있다. 이런 경우에는 특정 사람을 지칭하기보다는, 조직문화로 답변을 준비해보자. 행정을 중시하는 문화, 성과보다 예의를 차리는 문화 등 실제로 그 사람의 행동들을 내가 속했던 팀의 문화로 표현하거나 조직의 문화로 설명하면, 당신에 대한 오해를 줄일 수 있을 것이다. 듣는 사람이 자의적으로 해석하지 않도록 도와 줄 것이다.

[관계로 인한 퇴직사유를 잘 전달한 케이스]

- 사내의 무리한 술 강요와 폭언 및 지속적인 개인적 일을 시키는 부분에 대해서 팀장급 이상에게 대화를 요청하고 제안을 시도했지만 7개월이 지나도 바뀌지 않는 사내 문화로 이직을 결심했습니다.
- 회사 진급 기준이 있으나, 전혀 지켜지지 않고 특정 라인의 사람들만 3분기 동안 승진 하는 것을 보면서 퇴사를 결심했습니다.

해설 : 구체적인 현상에 대해 분명하게 기술하고 이를 바탕으로 내린 결론이라는 점을 설명하고 있다.

매슬로우 욕구 4~5단계 : 존경의 욕구 & 자아실현의 욕구

4단계와 5단계에 해당하는 퇴직 사유는 가장 적절하고 이상적인 퇴직 사유이다. 대부분 퇴직 사유로서 손색이 없고, 면접장에서 어려움을 겪기보다는 오히려 긍정적인 인상을 남길 것이다.

이 단계에 해당하는 퇴직 사유로는 성장의 기회, 핵심 가치/비전, 신성장동력 혹은 최고의 성과가 있다. 앞서 언급한 내용은 대부분 지원동기에 해당하는데, 거꾸로 뒤집으면 전부 퇴직 사유로 삼을 수 있다. 승진 적체로 성장 기회가 없다고 할 수도 있고, 가치와 비전이 결여된 투자 혹은 운영 시스템이 퇴직 사유가 될 수도 있다. 오랫동안 꿈꾸며 준비해 온 기회나 프로젝트가 도저히 만들어질 수 없는 환경이라면 기회를 제공해 주는 회사로 이직하는 게 순리이다.

여기서 정말 중요한 본질은, 내가 걸어온 길과 방향성이 지원하는 회사와 일치해야 한다는 점이다. 퇴직하는 이유는, 더 나은 미래를 위함이지 현실을 회피하기 위함이 아니다. 이것을 명확히 해야 한다. 존경의 욕구와 자아실현의 욕구를 향해 달려가는 사람은 불평불만으로 인한 도피성 퇴사를 하지 않는다. 나의 꿈을 실현할 수 있는 곳이라면, 아무리 힘들고 조건이 맞지 않아도, 버티며 성장한다. 성장할 수 없다면 아무리 좋은 조건을 제시해도 떠나갈 수밖에 없다.

[존경 / 자아실현 욕구로 인한 퇴직사유를 잘 전달한 케이스]

- 단순히 데이터를 분석하는데 그치지 않고 AI와 결합하여 실시간으로 바뀌는 정보를 제공하는데 도전하고 싶었습니다. 고객을 만나면서 고객이 필요한 정보가 제때 제공되지 않고 있다는 사실을 알게 되었습니다. 시간이 많이 지난 내용에 대한 업데이트가 제대로 이루어지지 않아 고객 클레임을 많이 경험할 수밖에 없었습니다. 지원하는 OO사의 AI 컨텐츠 추천 서비스는 그간 쌓은 큐레이션 역량을 더욱 강화시킬 뿐 아니라, 고객 맞춤형 정보를 제공할 수 있는 서비스라 생각하여 지원하게 되었습니다.

- 로봇이라는 상품을 확장하기 위해서는 고객의 라이프신에 맞게 제품을 변형하고 최적화 시킬 수 있어야 하는데, 해외에서 완제품을 소싱하는 형태의 회사의 시스템에 한계를 느껴 퇴사하게 되었습니다. 규모가 작더라도, 실제 고객의 상황에 맞는 제품을 개발하는 프로세스는 저의 다음 커리어에 맞다고 확신하여 OO사에 지원했고, 기존 로봇시장에 대한 이해를 바탕으로 OO사의 성장에 기여하고자 합니다.

해설 : 회사에서 느낀 한계와 지원하는 회사에서의 성장 가능성을 구체적인 내용으로 표현하고 있다.

이 단계에서 같이 고민해야 하는 것이 지원동기인데, 동기의 근거가 되는 디테일한 정보를 확보하는 게 중요하다. 고객의 지지도 혹은 성장률에 대한 숫자, 신기술 혹은 신사업이라고 할 수 있는 요소 등을 구체적인 숫자로 제시하자. 퇴직 사유가 지원동기로 바로 연결되고, 더 이상 퇴직 사유와 관련한 질문을 받지 않게 될 것이다. 퇴직 사유 주제는 짧게 끝낼수록 좋다. 굳이 이 내용에 갇혀 오랫동안 대화를 나눌 필요는 없다. 나의 경쟁력에 집중된 면접이 이루어질 수 있도록 바로 넘어갈 수 있도록 이어지는 퇴직 사유와 지원 동기를 연결하는 구체적인 방법을 참고해 보자.

퇴직 사유 정리 프로세스

퇴직 사유 정리 프로세스

이제 퇴직 사유에 대해서 정리해보자. 앞서 알아본 것처럼 우리는 수많은 동기요인을 가지고 있다. 쉽게 말해서 돈도 문제고 복지도 문제고, 소속감도 문제고, 기회가 없는 것도 문제이다. 우선 여러 이유를 다 끄집어내야 한다. 이유를 정리하면 생각이 명료해지고, 내가 중요하게 생각하는 핵심 요소가 무엇인지를 찾아낼 수 있다.

> 1단계: 매슬로우 욕구 모델을 펼쳐놓고,
> 나의 퇴직 사유에 해당하는 것을 하나씩 다 적어보자.

순서 없이 생각나는 대로 적어도 된다. 적다 보면, 퇴직에 대한 생각이 굉장히 복잡함을 알게 될 것이다. 실제 면접 시에는 퇴직 사유에 대해 한두가지 정도로만 말하기 때문에, 다양한 이유 중 어떤 사항을 나의 퇴직 사유로 설명할지 결정해야 된다. 이러한 정리 과정을 거치지 않기 때문에, 퇴직 사유가 어렵다고 느끼는 것이다. 일단 리스트업을 해보자. 그리고 본질적 퇴직 사유인지, 트리거적 퇴직 사유인지 구분해 보자. 이 과정에서 퇴직 사유가 구체화된다.

퇴직 사유 리스트업 케이스

퇴사를 결심한 이유	구분
회사 영업 인센티브 제도가 성과만큼 보상이 되지 않음	**본질적**
거리가 너무 멀어서 도저히 못 다니겠음	**트리거**
회사 매출이 3년째 부진함	**본질적**
능력이 있는 관리자가 없고, 관리자는 직원들의 말을 수용하지 못함	**트리거**
조직 및 인사이동이 잦아 전문성을 키우기 어려운 환경	**본질적**
정확한 업무 프로세스가 있음에도 불구하고, 사람과의 유대관계로 일을 함	**트리거**
회사의 방향성과 내가 도전하고 싶은 방향성이 다름	**본질적**

Tips 사람마다 기준이 다르기 때문에 본질적인지 트리거적 퇴직 사유인지 너무 고민할 필요는 없다. 1차적인 분류를 해보는 것에 목적을 갖는다. 보다 가치지향적인 것을 본질적으로 구분하고, 현상적인 것을 트리거적 요소로 구분하면 된다.

**2단계: 정리한 퇴직 사유를
매슬로우 욕구 단계로 정리해 보자.**

어떤 이유는 낮은 단계에 해당할 수 있고, 어느 이유는 높은 단계에 속할 수도 있다. 낮은 단계의 내용만 잔뜩 나온다면, 가성비의 원리에 입각해서 상위욕구로 변환시켜보자. 다시 한번 말하지만, 처우나 조건을 문제삼기보다는, 나의 기여가 올바른 대우를 받지 못하는 것을 문제 삼아야 한다. 객관성을 확보하기 위해서 비교 값도 준비하자. 생각을 정리하고, 논점을 찾는 것이 이 단계의 목표이다.

퇴직 사유를 분류하기 어렵다면 고민하지 말고 끝까지 이 프로세스를 밟아보자. 매슬로우 욕구 단계에 맞게 표기하면서, 본질적인 퇴직 사유에 해당하는지 아니면 트리거적인 퇴직 사유에 해당하는지 구분해보기 바란다. 리스트업 해둔 퇴직 사유를 매슬로우 욕구 단계로 분류해보면, 본질적인 퇴직 사유인지를 점검할 때 욕구 단계를 다시 평가해야 한다는 것을 깨닫게 된다. 퇴직 사유를 너무 어렵게 생각할 필요 없다. 우리의 관점을 정리하는 것뿐이다.

퇴사를 결심한 이유	구분	매슬로우
회사 영업 인센티브 제도가 성과만큼 보상이 되지 않음	본질적	소속
거리가 너무 멀어서 도저히 못 다니겠음	트리거	생리적
회사 매출이 3년째 부진함	본질적	안전
능력이 있는 관리자가 없고, 관리자는 직원들의 말을 수용하지 못함	트리거	존경
조직 및 인사이동이 잦아 전문성을 키우기 어려운 환경	본질적	소속
정확한 업무 프로세스가 있음에도 불구하고, 사람과의 유대관계로 일을 함	트리거	소속
회사의 방향성과 내가 도전하고 싶은 방향성이 다름	본질적	자아실현

Tips 본질적인지 트리거적인지 구분하는 것과 유사한 이유로, 매슬로우 욕구 단계 구분도 사람에 따라 다를 수 있다.

3단계: 이상적인 이직 사유로 완성하기

이제 우리는 퇴직 사유에 대해 큰 그림을 정리했다. 이제 나의 생각을 정리할 뿐 아니라, 면접관이 합리적으로 생각할 수 있는 퇴직 사유를 정리해보자.

1. 본질적 퇴직 사유를 높은 매슬로우 욕구 단계에 연결한다.
2. 이직 사유와 지원동기를 묶는다. 지원동기로 설명할 때는 구체적인 기업의 경쟁력과 내 경력을 연결시킨다.
3. 나를 채용해야 할 이유를 경력 기술서에 있는 내용으로 설명한다.

[성과 - 퇴직 사유 - 지원동기를 잘 정리한 경력 면접 케이스]

[직무: 해외영업, 연차 : 5년차]

1분 자기소개 (성과)

안녕하세요. A사 해외영업팀에 지원한 000입니다.

저는 화장품 해외영업 업무를 담당하면서, 현지 핵심 제품을 공략하는 전략을 통해 베트남 5대 유통사와 1000억 원의 계약을 체결하고 신규 매출 500억 원을 달성하여 사내 성과 1위 달성한 경험이 있습니다. 또한 운송 기간을 30% 단축하여 신규 유통망을 5배 확보하는 계약을 성사했습니다.

이러한 경험을 통해 B사 해외 영업 업무를 수행하여 회사의 지속적인 성장과 동시에 매출 증대에 기여하겠습니다.

퇴직 사유

해외 영업 업무는 회사의 지속적인 투자가 필요한데, 회사의 재무적인 한계상 이 이상의 투자가 어려운 상황이었습니다. 더 큰 규모의 해외 영업 프로젝트를 도전하고 싶어서 이직을 결심했습니다.

지원동기

B사는 피부, 색조, 스킨케어 등 다양한 포트폴리오를 가지고 있기 때문에 신제품을 해외 라이센싱 아웃/수출 하는 데 있어 보다 폭넓은 경험을 할 수 있다는 것에 B사 해외 영업팀에 지원하게 되었습니다.

B사의 최근 3년간 화장품 사업부 매출이 3배 성장하였으며, 올해도 2배 이상의 성장률을 전망하고 있습니다. 특별히, 해외 유명 인플루언서 00와 협업하며 라이브 커머스 1회 방송을 통해 매출액 10억을 달성했다는 사실이 인상 깊었습니다.

5년 동안 A사 해외 영업팀에서 자사 화장품 제품의 해외 신규 시장을 개척하고, 상업화하는 업무를 담당했습니다. 화장품을 해외에 수출하고 신규 유통망을 연결하는 일련의 프로세스를 경험했으며 매출과 계약 성과를 이뤘습니다. 이러한 경험을 토대로 B사의 지속 가능한 성장과 매출 증대에 기여하고 싶습니다.

Q&A

퇴직사유 Q&A

Q: 권고사직을 당했을 경우, 직장에서의 문제점들이 없었다고 할 수는 없습니다. 어떤 문제가 있었는지 질문을 받는다면, 솔직히 답변해도 되나요? 솔직한 답변이 마이너스가 되지는 않는지, 어떤 식으로 답변해야 하는지 궁금합니다.

A: 퇴직 자체가 나쁜 것도 아니고, 잘못된 것도 아니다. 그러나 권고사직은 상황에 따라 다르게 해석될 수 있다. 권고사직 자체가 일종의 구조조정 프로세스이고, 회사에서 더 이상 함께 할 수 없다고 판단했을 때 취하는 행동이기 때문이다. 일반적으로는 매우 부정적으로 보는 경우가 많다. 예외적인 경우라면, 회사의 경영 상황이 급격히 안 좋아지는 경우이다. 사업부 자체의 구조조정이 이루어진 경우라면, 개인의 능력이나 관계 때문에 사직한 게 아니라서 문제 되지는 않는다. 하지만, 사업부나 회사의 문제가 아니라, 개인의 문제라면 권고사직은 퇴직 사유로서 좋지 않다. 이미 사직을 했다면, 나에 대한 분명한 피드백이 있어야 한다. 예를 들어, 회사에서 경험한 문제점의 원인이 나의 어떠한 능력이나 성향, 부족함 때문이었다는 점을 명백히 설명할 수 있어야 한다는 뜻이다.

많은 사람들이 약점을 최대한 숨기려고 하는데, 권고사직처럼 너무도 분명하게 보이는 약점은 가린다고 가려지지 않는다. 차라리 '셀프디스'라는 방법을 통해서 나의 부족함에 대해 분명히 직시하고, 실수를 반복하지 않기 위해 들인 노력을 강조하는 것이 훨씬 납득시키기 쉬울 것이다. 누구나 미숙한 때가 있고, 잘 모를 때가 있다. 다만, 이를 부정하고 현실을 회피하면 이 문제는 해결할 수 없는 문제가 된다. 적극적으로 이런 문제를 해결하기 위해서 노력하고 있다는 점을 어필하는 것이 오히려 쉽게 설득시키는 경우가 많다.

Q: MD로 일하다가 퇴사했고 동일 직무로 이직을 준비하고 있습니다. MD 직무는 매출과 직결되는 직무이다 보니, 경영악화라는 퇴직 사유가 너무 안 좋게 보일 것 같아요. 면접에서 어떻게 대처하는 게 좋을까요?

A: 맞는 말이다. 하지만, 임원급의 책임자가 아닌 경우라면 이 전제는 성립되지 않는다. 모든 회사가 포트폴리오를 가지고 있고, 여러 사업 아이템들을 조합하여 경영한다. MD직무처럼 매출에 직접적으로 연결이 되었어도, '재직 중인 회사의 모든 부서가 수익을 내고 있는가?'는 다른 문제일 수 있다는 것이다. 게다가 경영악화는 수익이라는 개념이고, MD는 매출 확대라는 개념이다. 매출과 수익은 당연히 연동되어 있는 부분이 있지만, 매출이 크거나 높아진다고 해서 수익이 동반 상승한다고 말할 수는 없다. 수익은 더욱 복합적이고 입체적인 관점이 필요한 영역이고 특별히 경영

진의 능력에 의해서 좌우되는 경우가 많기 때문에 실무자라면 매출 목표 달성만으로도 충분히 역할을 감당했다고 볼 수 있다.

내가 맡은 목표와 역할에 대해서 '이런 목표를 달성했지만, 회사의 전체적인 상황이 안 좋아졌다'는 서술이 가장 합리적인 퇴직 사유가 될 것 같다. 실제로 이런 경우가 매우 빈번하기 때문에 대부분 면접관들이 이해할 것이다. 다만, 회사 경영활동에 참여하는 경영진이거나 임원급, 책임자라면 당연히 경영악화에서 자유로울 수 없다.

Q: 퇴직 사유에 대해서, 회사에 대해 아쉬운 점을 언급하면 안 좋게 보는 것 같더라고요. 그래서 '산업'으로 퇴직 사유를 바꿨는데 이렇게 해도 괜찮을까요?

A: '자소서 바이블'에서 취업의 성공 동인을 '직무/산업/직장을 구분하여 전략을 수립하는 것'이라고 설명한 바가 있다. 직무/산업/직장은 우리의 커리어를 결정짓는 3대 요소이다. 간혹 이 3가지의 구분 없이 한 번에 생각하거나 건너뛰는 경우가 있는데, 인사담당자로서 무언가 어색하거나 이상하다고 느껴지는 대목이 대부분 이 지점이다. 퇴직 사유는 철저하게 직장에 대한 요인이다. 퇴직 사유를 점검하는 것은, 회사에 대한 로열티 혹은 지속 근무 가능성을 점검하는 것인데, 추가 질문 자체를 피하려고 산업으로 답변하는 것은 동문서답에 가까운 모습으로 비춰질 것이다.

아마도 다른 답변을 했을 때, 면접관은 이런 질문을 다시 던질 것이다. “그런 거 말고, 진짜 퇴직 사유 솔직하게 이야기해보실래요?” 이 되물음이 더 끔찍하지 않은가? 이 질문 자체가 나의 답변을 신뢰할 수 없음을 내포하고 있기 때문이다. 이런 되물음은 받지 않는 것이 좋다.

Q: 경력 → 대학원 진학 → 계약직 → 취업 준비'의 상태인데, 대학원 진학을 위해 퇴직한 이력이 평가자 입장에서 어떻게 보일지 궁금합니다.

A: 일반적으로 진학은 기업에서 좋게 보지 않는 퇴직 사유이다. 물론 연구개발이나 기술 관련 직무의 경우, 보수 교육 및 자격 취득을 위한 진학으로 퇴사하는 경우가 종종 있지만, 그 외 대부분의 직무에서는 대학에서의 학습보다 현장에서의 경험을 권고하는 편이다. 경영 영역에서 허용되는 MBA조차 지식을 습득하러 가기보다는 네트워크를 구축하러 간다는 인식이 있을 정도이니, 기업의 선호도를 짐작할 수 있을 것이다.

분명한 초점과 목적이 있는 진학이 아니라면, 대부분 부정적으로 인식할 확률이 높은데, 그 이유는 직장생활에 대한 부적응 혹은 도피처로 진학하는 경우가 많기 때문이다. 통계를 제시할 수는 없지만, 직장에서 대학원으로 진학하는 많은 경우가 이에 해당한다고 생각한다.

또 다른 문제는 진학 기간의 실무 공백 기간이다. 현대의 직무는 대부분 기술과 접목되면서 매우 빠른 변화의 양상을 보이고 있다. 학업기간 동안 변화의 사각지대에 있었다는 것을 뜻하기도 하고, 무엇보다 제시할 수 있는 경력 기술서가 없기 때문에 부정적이다.

현재 질문자의 커리어를 보면, 대학원 진학 후 계약직의 경험이 있다. 이 기간을 하이라이트 해서 어필해야 한다. 경력 기술서를 작성하고 퇴직 사유를 작성하면서 느끼는 감정은, '그때 좀 더 열심히 할 걸' 하는 후회이다. 누구나 그럴 수 있다. 지금부터라도 내가 보내고 있는 이 시기를 가볍게 넘기지 말고 진지하게 접근하기 바란다. 우리의 삶은 반복되기 때문이다.

진학 후 계약직 근무기간 동안에 낸 성과에서, 대학원에서 배운 것들이 도움이 되었고 이를 설명할 수 있다면, 진학 과정 자체를 부정할 필요는 없다고 본다.

Q: 회사생활이 너무 스트레스 받았습니다. 우울증 진단은 받지 않았지만, 우울증 증세가 있었고, 저뿐만 아니라 많은 직원들이 힘들어 다 같이 그만두게 된 직장입니다. 정치질을 비롯한 부정적인 요소들을 말하려니 너무 회사 욕을 하는 것 같아 꺼려집니다.

A: 사내 정치는 산업 쇠퇴기에 더욱 강력해지는 자연스러운 현상이다. 성장기에는 누구나 바쁘고 할 일이 많다. 그리고 손대는 곳마다 성과가 나기 때문에 자신의 진짜 경쟁력에 대해 의문을 가

질 시간조차 없다. 하지만, 쇠퇴기에는 옥석이 가려진다. 누가 기여했고, 누가 free-rider 였는지 볼 수 있는 시기가 이 시기이다. 성장기에 리더십 혹은 책임자를 맡게 된 분들의 무능력이 드러나는 시기이기 때문에, 사내 정치와 같은 이슈가 더욱 강력하게 나타나는 것이다. 애초에 능력이 없었기 때문에 그 무능력을 메꿀 수 있는 대안이 사내 정치로 드러나는 것이다.

이런 경우에는, 사내 정치를 혐오하거나 불평하는 것보다 대표적인 케이스를 구체적으로 들어서 공정성이나 합리성을 문제 삼아 퇴직 사유로 제시할 수 있다. 사내 정치가 언제나 나쁜 것인가? 라고 한다면 그렇지만은 않을 수도 있기 때문이다. 사내 정치 자체를 비난하는 것은 오해의 여지가 있다. 정치라는 활동 자체가 영향력을 행사하는 것이고, 모든 조직에는 이와 같은 영향력이 존재할 수밖에 없다. 다만, 이 영향력을 건설적이고 긍정적인 방향으로 사용했는지 아니면 개인의 유익과 사익을 취하기 위해 사용했는지가 나뉠 뿐이다. 사내 정치를 하는 모든 사람들은 자신의 유익을 위해 사내 정치를 한다고 생각하지 않는다. 그래서 '사내 정치의 결과가 더 좋은 성과를 냈는가?'를 기준으로 판단해야 한다.

정리하자면, 사내 정치의 결과가 부정적이었고, 승진 혹은 보상이 부당하게 이루어지는 대표적인 사례가 있었다면 회사를 욕하는 것이긴 하지만 비교적 객관적인 사실로 설명할 수 있을 것이다.

고민살롱 #4

Q. 과도한 업무량과 야근으로 퇴사가 고민될 때

안녕하세요. 이형님 채널을 잘 보고 있는 직장인입니다.

저는 중소기업에서 인사 총무 업무로 딱 5년간 업무 경력을 쌓고 헤드헌터한테 이직 제안을 받아 3개월 전에 대기업으로 이직하였습니다. 하지만 3개월 만에 퇴사 고민을 하고 있습니다.

먼저 상사들과 문제가 있습니다. 현재 제게는 상사가 두 분이 계십니다. 한 분이 저를 마음에 안 들어 하시는데, 이유를 알고 보니 제가 야근이랑 주말 출근을 하지 않기 때문이었습니다.

그 후 저는 야근이랑 주말 출근을 강요하는 회사는 못 다닐 것 같다고 상사에게 말씀드리고 퇴사하겠다고 했으나, 다른 상사가 앞으로 야근 주말 출근을 강요하지 못하게 하겠다고 하셨고 조금 더 다녀보라고 하신 상황입니다.

그리고 업무량과 업무 부담감이 있습니다. 중소기업에서는 인사 총무 업무에 전반적인 일을 했다면, 지금 회사에서는 인건비 분석, 직무 R&R 조사, 채용 수요분석, 입 퇴사 예측 등 인력 및 인건비 분야에 깊게 파고드는 업무 형태입니다.

전문적으로 해보지 않은 업무라 많이 낯설고 잘하지 못하니 업무량이 많아지고 야근도 매우 많은데 경력직이라는 이유 하나만으로 기대치가 너무 높아 부담이 아주 높습니다.

이미 취업 사이트에 이력서는 올려놓았고 이직 제안은 10건 정도 온 상황입니다.

중소기업 다니다가 대기업 갔다고 주위 사람들이나 부모님 가족들이 많이 좋아했는데 어떻게 하는 게 좋을지 조언 부탁드립니다.

A.

여러 각도로 생각해보길 권한다. 사실 객관적으로만 봤을 때에는 커리어에 정말 좋은 기회이다. 그러나 내가 생각하는 커리어의 방향성 또는 내가 생각하는 가치나 기준에 따라 기회가 아닐 수도 있다. 단순히 대기업을 간다고 해서 좋은 커리어가 생기는 게 아니다. 또 단순히 스타트업이나 중소기업에 있다고 해서 무조건 커리어가 성장하지 않는 것도 아니다. '내가 가진 커리어의 전문성이 무엇이냐'를 규정하고 전문성을 갖추어 가는 게 전문가로 성장하는 길이고, 커리어를 쌓는 일이다.

이런 비슷한 고민을 하고 계신 분들에게 두 가지 질문을 드리고 싶다. 첫 번째, 내가 진짜 만들어가고픈 커리어는 어떤 모습인가? 어떤 모습을 갖추기 위해서, 어떤 과정을 거칠 것인지를 구상해야 한다. 과정 안에는 시간도 있고 과제도 있고 규모나 역할 같은 것들이 여러 가지로 혼재되어 있다.

오늘 사연의 시작은 야근과 주말 출근이다. 만약 성과와 상관없이 야근과 주말 출근을 강요한다면, 단순히 문화적인 압박이라면, 사실 그 회사는 성과 중심적인 회사가 아니다.

성과 중심적인 회사가 아니라면, 회사를 오래 다녀도 커리어의 성장은 전혀 없을 것이다. 대기업이라는 딱지 하나가 나의 꼬리표처럼 내 경력 어딘가에 있을 수는 있다. 하지만 시간이 지나 자칫 잘못하면 그냥 물경력으로 남을 수도 있다.

커리어에서 가장 안 좋은 것이 공백기, 두 번째로 안 좋은 것이 물경력이다. 대기업에 있다가 물경력이 되나 중소기업에서 물경력이 되나, 물경력은 똑같이 좋지 않다. 그래서 먼저 야근과 주말 출근을 해야 하는 이유가 무엇인지를 따져보라. 만약 나의 실력 부족으로 야근과 주말 출근을 해야 한다면 이야기는 전혀 달라진다. 사내 문화 문제가 아니라 경쟁력 문제이기 때문이다.

내 경쟁력을 갖추기 위해서 에너지와 시간을 스마트하게 써야 한다. 본인의 경험이나 지식의 경쟁력이 부족하다면, 당연히 학습하고 시행착오를 겪으며 성장통을 겪어야 한다. 필자는 지금 야근을 바라보는 관점을 말하고 있다. 경쟁력을 갖추기 위한 투자인지 아니면 단순히 소모되고 있는 야근인지를 구분하라. 이에 따라서 이직을 강행할지 말지를 따져야 한다.

내가 성장할 수 있는 기회라면 야근도 주말 출근도 불사할 수 있어야 한다. 결국 전문가들이 가는 길이 그 길이다. 야근한다고 전문가가 되는 건 아니지만, 많은 전문가는 시간에 구애받지 않고 자신의 문제 해결을 위해 몰입하여 일한다.

두 번째, 전문성을 어떻게 생각하느냐. 첫 번째 질문과 비슷한데 더 깊이 있게 들여다봐야 될 내용이다. 전문성이라고 말하면 흔히 좁고 깊은 이미지를 떠올린다. T자형 인재를 말할 때, T에서 I에 해당하는 부분을 전문성이라고 생각하곤 한다. 그러나 실제 전문성이 구현되는 영역은 T자에 누워 있는 ㅡ 의 영역이다. 필자는 이를 연결성이라고 정의한다. 분업화된 전문성을 연결할 수 있을 때, 비로소 더 큰 문제를 해결하고 더 영향력 있는 위치로 올라갈 수 있는 것이다.

분업화된 전문성을 아무리 강화해도 그 전문성만으로는 해결할 수 있는 분야가 굉장히 좁다. 회사에서 직급으로 따지면 주임 혹은 대리 이상 올라가기 힘들다. 좁은 전문성은 실무적인 전문성, 자기 업무에 대한 전문성이지 그 이상으로 올라올 수는 없다는 말이다.

전문가라는 트랙을 생각했을 때, 결국 커리어는 상위 레벨로 올라가는 것이다. 요즘에는 직급을 없애는 회사들이 많아지고 있다. 단순히 직급을 전문성과 직결시킬 수 없다는 판단에서다. 얼마나 큰 프로젝트를 맡아 보았고, 얼마나 더 많은 사람을 이끌고 있는가가 전문성을 판단하는 지표로 작동되고 있다. 오늘 사연 보내주신 분은 제너럴리스트에 가까운 커리어 트랙을 밟았던 것으로 보인다.

중소기업이나 스타트업은 배울 수 있는 정말 좋은 환경이다. 그곳에서 여러 가지 업무들을 보면서 그 업무 간의 연결성을 파악하고 업무를 잘 연결시켜서 더 큰 성과를 낼 수 있도록 시야를 확장시킬 수 있다. 하지만 중견기업 이상의 기업들은 대부분 업무가 분업화 되어 있다.

그래서 분업화된 내용들을 빨리빨리 돌리면서 각자의 전문성을 강화시키는 형태로 구분되어 있다.

기업 구조에 따라 얻을 수 있는 커리어의 전문성이 조금씩 다르다. 지금까지 제너럴리스트로서 연결성을 배웠다면, 이직한 후에는 분업화된 전문성을 배울 수 있는 시기라는 것이다.

커리어를 쌓는 과정이라고 한다면, 내가 지금 성장할 수 있는 포인트가 무엇인지, 나는 다음에 어떤 성장을 해야 할지를 생각할 수 있다. 이 생각의 결론이 이직해야 할 때인지 아닌지를 판단하는 데에 도움이 될 것이다.

필자가 인사적인 전문성을 갖추는데 기반이 되었던 것은 채용이었다. 많은 사람을 뽑고 많은 사람들을 평가했던 경험이 나의 인사적 전문성을 갖추는 가장 기본적인 뼈대가 되었다. 그다음에 나는 교육을 했고, 교육하다 보니 평가 시스템이 중요하다는 걸 알게 되었고, 평가를 하려다 보니 보상이라는 걸 건드리게 되었고, 그러다 보니 제도와 노무까지 전체적으로 이해하게 된 것이다.

사실 어느 것 하나 연결되지 않은 게 없다. 이 분업화된 전문성 없이는 연결성이라는 걸 볼 수 없고, 연결성을 갖추려면 분업화된 전문성에 대한 이해가 반드시 필요하다. 이 두 가지를 다 갖추는 것이 전문가가 되는 길이다. 그런 맥락에서 자신의 위치, 현재 상황을 따져보고 결정하기를 바란다.

나의 설명을 읽고 '그렇지, 중소기업에서는 분업화된 전문성을 배울 수 없어'라고 생각하는 사람이 있겠지만, 그렇지 않다. 스타트업이나 중소기업에서도 분업화된 전문성을 필요로할 때가 있다. 고객의 문제를 해결하면서 어떨 때는 연결성이 필요하고 어떨 때는 분업화된 전문성이 필요하기 때문이다. 결국 문제를 해결하는 과정에서 이 문제를 어떻게 인식하고 어떻게 규정하고 어떻게 해결해 나가는가가 더 중요하다. 나의 전문성을 갖춰 나가는 과정이 되기 때문이다.

지금 상황이 힘들고 어렵고 답답할 수도 있다. 아마도 익숙하지 않은 것이 가장 괴로울 것이다. 그렇지만 전문성을 갖추어 가는 과정에서 회사나 조직이 나를 성장시켜 주는 게 아니라 내가 성장해야 한다는 사실을 기억해야 한다. 성장의 맥락에서 지금 속한 회사가 성장하기에 적합한지를 판단하고 이직을 결정하면 된다.

이미 여러 군데에서 이직 제안을 받은 상황이기 때문에 남은 것은 선택이다. 이직을 할 수 있느냐 없느냐의 차원은 이미 뛰어넘었다. 이제는 올바른 기준으로 이직할지 말지를 결정하면 된다. 한때 나도 인사팀장이었는데, 선경험자로서 조언하자면 지금 있는 위치를 조금 더 고수했으면 좋겠다.

지금 바로 이직하기에도 근속 기간이 너무 짧다. 최소 1년 정도는 다니고 이직해도 늦지 않다. 적응하는 과정에서 분명히 얻고 배우는 것이 있을 것이다. 하지만 앞서 말했듯 야근과 주말 출근 자체가 나를 평가하는 핵심 잣대로만 사용된다면 사실 그 회사에서는 오래 다녀보았자 성장하기 어려울 수 있다.

이 책을 끝까지 읽고 계신 독자분들이 분업 전문성과 연결성이라는 두 가지 큰 축을 항상 생각하시면서 성장하기를 소망한다.

고민 살롱 영상 바로가기 >

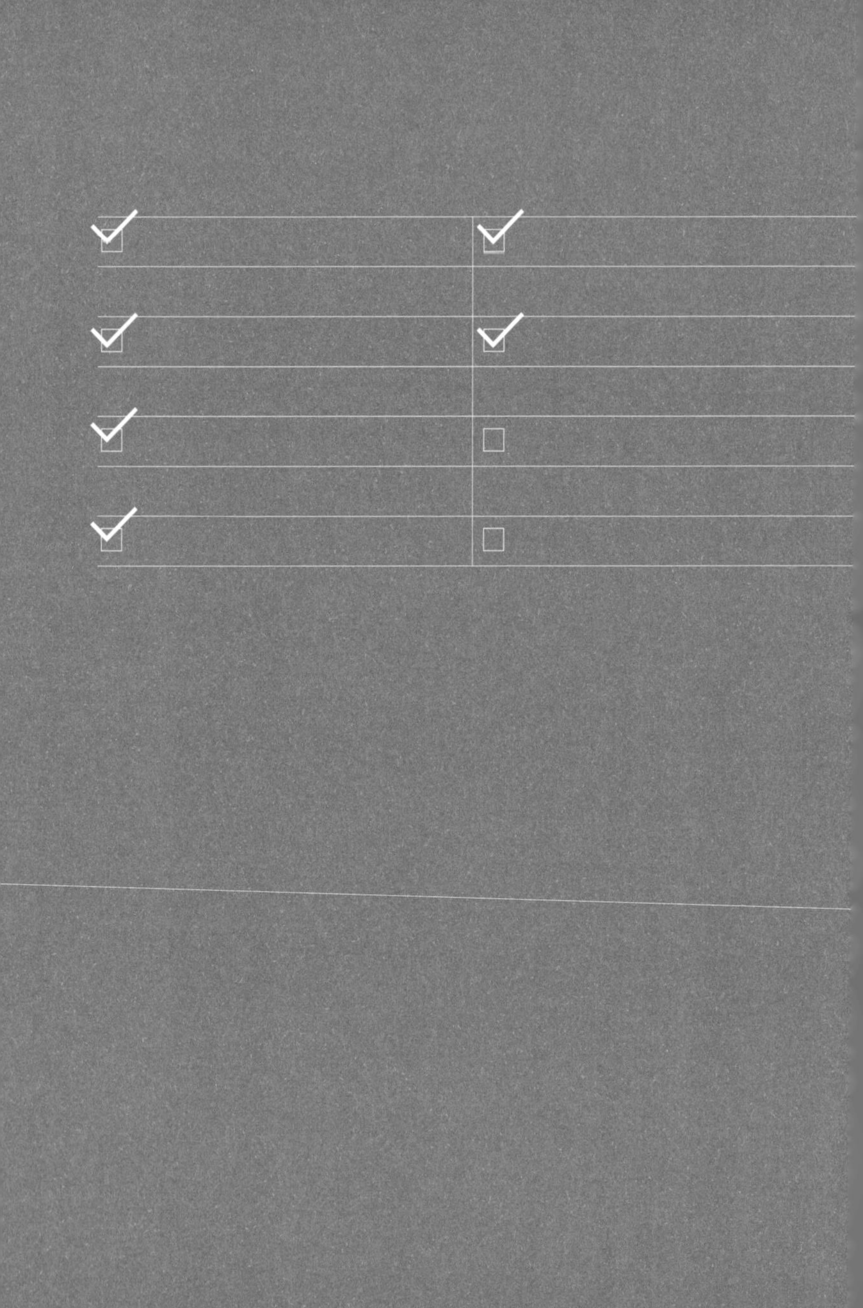

STEP 6

경력 면접의 특징

신입 면접과 다른 경력 면접 포인트

경력 같은 신입 & 신입 같은 경력

수많은 면접을 주관하면서 흥미로운 현상을 발견했다. 기업들이 신입사원을 채용할 때에는, 경력자 같은 능숙한 인재를 원하지만, 경력자를 채용할 때에는 신입사원 같은 사람을 원한다는 것이다. '신입 같은 경력자'는 어떤 사람일까? 일 처리가 깔끔하고 직무 경험도 탄탄하지만, 신입처럼 겸손한 사람을 뜻한다. 진짜 실력자는 절대 교만하지 않다. 항상 겸손하고, 놓친 것은 없는지 주의하면서 새롭게 분석하고 정리한다.

회사에서 말썽을 일으키는 사람을 살펴보면 어설픈 경력을 가진 사람들이 대부분이다. 그들은 본인의 짧고 좁은 경험을 일반화시키면서 모든 것을 안다는 듯한 태도로 이야기한다. 어설픈 경력자는 목표에 도전하려는 의지를 발휘하기보다, 목표 도달이 불가능한 까닭과 하기 싫은 이유만을 그럴듯하게 둘러댄다.

그들의 어설픈 경력은 단점으로 발휘되기도 하는데, 그럴수록 회사는 더욱 어수선해진다. 새로운 조직의 일 처리 방식에 적합하지 않은 방식이 몸에 배어있거나 잘못된 식으로 일하게 되면 상황은 더 심각해진다. 이전 직장의 규모가 현 직장과 아무리 비슷하고 시스템이 유사할지라도, 실제적인 업무처리 순서나 의사소통 내용은 크게 다를 수 있다. 그러나 어설픈 경력자들은 차이점들을 고려하지 않는다. 타성에 젖어 자신의 경험으로 모든 것을 처리하려고 한다. 시스템과 맞지 않는 방법으로 일하니 당연히 업무에 구멍이 생기고, 재작업을 해야 하거나 다음 업무에 차질을 빚게 된다.

어설픈 경력직과 대조적으로 신입만이 가지는 강점이 있다. 가장 매력적인 강점은 무엇보다도 조직의 활력을 돋우는 에너지이다. 알 수 없는 자신감과 해보겠다는 의지. 종종 실수를 저질러 혼나기도 하지만, 혼내는 선배들 역시 신입에게 에너지를 받곤 한다. 신입을 뽑는 이유는 아주 단순하다. 조직을 활성화시키고 신선한 에너지를 불어넣기 때문이다. 물론 조직의 리더십을 육성하고, 안정적인 인재 수급이라는 장기적인 이유도 있다. 하지만 경력 채용이 일반화되면서 신입 같은 경력자를 찾는 요구가 점차 늘어나는 게 현실이다.

기업이 찾는 '신입 같은 경력자'는, 신입 같은 긍정적인 에너지와 태도를 가지면서 동시에 경력자다운 말귀와 업무 스킬을 가진 직원이다. 채용자 입장에서 기업이 바라는 게 많다고 혀를 찰 수 있다. 하지만 기업은 기업 나름의 입장이 있는 법이다. 과거에는 기업이 근무 공간을 제공하고 월급을 지급하면, 직원들이 감사한 마음으로 열심히 일했다. 나름의 로열티와 충성심을 가지고 회사 구성원으로서의 역할에 충실했었다. 하지만 오늘날의 기업들은, 높은 연봉과 복지 제도를 당연하게 요구받는다. 선진적인 평가방식과 수평적인 의사소통 체계, SNS에 자랑할만한 사무실 위치와 인테리어, 합리적이고 이해가능한 평가 프로세스와 보상 시스템도 갖추어야지만 겨우 인재를 채용할 수 있는 상황이다. 회사가 이 모든 것들을 다 충족시킨다고 하더라도, 좋은 평가를 받지 못하는 직원들은 '시스템이 이상하다'고 불평한다.

기업은 기업 나름의 입장이 있고, 채용자는 채용자 나름의 바램이 있다. 그러나 고용자와 피고용자의 욕구는 상호적이다. 한쪽의 욕구만을 채우는 것은 불가능하다는 뜻이다. 직원들의 회사평가 기준이 높아진 만큼 회사도 채용의 기준을 높인다. 높은 급여를 주고 복지제도를 풍성하게 제공하는 만큼, 더 좋은 직원을 뽑고 싶어지기 때문이다.

이러한 현상을 보며 현실을 부정하고 싶은 자들이 있을 수 있다. 그러나 자신의 생각과 관점을 회사와 일치시키는 편이, 현실을 부정하는 것보다 스스로에게 훨씬 유익한 방법임을 말해본다. 관점을 회사와 일치시키라는 말은 회사의 노예가 되라는 의미가 아니다. 나의 커리어와 성장을 위해, 불필요한 불만에 사로잡히지 말라는 뜻이다. 결국 나의 커리어를 위해서는 회사와 공존해야 한다. 공존이 싫은가? 앞서 말했지만, 고용자와 피고용자의 욕구는 상호적이다. 기업의 대표도 공존을 위해서 결국 직원들의 눈치를 보지 않는가. 결국 타인 중심적 사고를 하는 자가 비즈니스에서 승리한다.

먼저, 경력면접과 신입 면접의 차이점을 몇 가지 알아보자.

경력 면접과 신입 면접의 차이점

신입시절을 토대로 경력면접을 준비하는 경우가 있다. 그러나 경력 면접과 신입 면접은 다른 면접이다. 회사가 경력자에게 기대하는 답변과 신입에게 기대하는 답변이 다르기 때문이다. 기업은 신입 같은 경력자를 찾는 것이지 진짜 신입사원을 찾는 게 아니다. 신입사원처럼 일에 대한 열정과 긍정적인 태도를 보여보라. 동시에 경력자 같이 분명한 성과로 이야기해보자.

성과 없는 경력은 사실상 신입사원과 다를 바 없다. 간혹 경험과 경력을 혼동하는 사람들이 있다. 경력과 경험은 다르다. 경력은 특정 업무에 대한 나만의 노하우나 유사한 환경에서 동일한 성과를 낼 수 있는 역량을 말한다. 반면에 경험은 직무에 수월하게 적응할 수 있는 요소에 불과하다. 신입은 유사 경험만 있어도 긍정적인 평가를 받을 수 있지만, 경력자는 반드시 유사 경험에 성공 경험을 붙여야 한다. 이는 경력직 면접의 기본 요건이다.

Ice breaking

경력 면접에서는 보통 아이스 브레이킹 순서가 없다. 성과에 대한 질문을 시작으로 면접이 진행된다. 면접자는 이를 대비해야 한다. '긴장한 탓에 역량을 충분히 설명하지 못했다'는 변명은 면접장에서 통하지 않는다. 부족한 설명은 의사소통 스킬이 부족한 것처럼 보이게 만든다. 신입이야 면접이 생소하고 면접장에 선 경험이 적기 때문에 심하게 당황해도 그 입장을 배려해준다. 호흡을 가다듬으라고 한다든지 천천히 이야기해도 좋다는 식으로 말이다. 하지만 경력자는 날마다 면접장 같은 환경에서 일하고 의사소통을 했던 사람들이기 때문에, 면접장에서 보여주는 의사소통 능력이 실제 업무 환경에서의 모습이라고 간주될 수 있다.

자기소개 주요 내용

신입까지는 학력과 전공, 주요 전공이 매우 중요한 자기소개의 내용이다. 하지만 경력자에게는 학력보다 전 직장이 더 중요하게 여겨진다. 전공보다 전 직장에서의 역할과 성과가 관건이다. 간혹 이 말을 잘못 이해하여서 '대기업에 취직하고 싶다면 무조건 첫 취직을 대기업에서 해야 한다'고 오해하기도 한다. 전 직장이 중요하다는 말은 전 직장의 규모가 중요하다는 뜻이 아니라, 전 직장과 이직할 곳의 업무 유사성과 연결성이 중요하다는 의미이다. 중소기업에서 대기업으로 가는 경우도 많고, 스타트업에서 대기업으로 이직하는 경우도 아주 많다. 반드시 성과를 중심으로 자기를 소개하자. 경력 기술서에 작성한 내용 중 가장 자신 있는 내용 한두 가지로 자기소개를 준비하는 것이 좋다.

Critical Point

신입 면접을 볼 때, 면접자가 조직에 대해 별생각이 없는 것처럼 보이면 부정적인 평가를 받는다. 예를 들어 비즈니스 마인드가 준비되어 있지 않다거나 조직의 위계질서에 대해 부정적이거나, 정당한 노력을 무시하는 듯한 답변이 그렇다. 반면에 경력자 면접에서 당락을 가르는 민감한 주제는 '납득되지 않는 이직 사유'이다. 앞서 퇴직 사유에 대해 깊이 알아보았는데, 이 부분을 특히 강조한 이유가 여기 있다. 기업들은 퇴직자들이 지속적으로 발생할까 봐 노이로제 수준의 극심한 걱정을 한다. 이직 사유가 합격의 핵심 포인트는 아니지만 불합격의 핵심포인트로는 충분하다. 필살기에서부터 퇴직 사유까지 일관된 관점으로 정리해보자.

Cheat Key

신입자에게 취직을 성공하는 단 하나의 치트키가 있다면, 그것은 바로 인턴십이다. 내가 지원하려는 회사의 인턴십을 경험해보면 회사의 문화와 일하는 방식을 파악할 수 있는 경험을 쌓을 뿐 아니라, 나와 함께한 상사들의 지지와 격려를 얻을 수 있기 때문이다. 물론 이는 인턴십에서 좋은 모습을 보여줬을 때의 이야기이다.

그렇다면 경력자의 치트키는 무엇일까? 경력자에게는 신입의 인턴십보다 더욱 강력한 치트키가 있다. 바로 내부 추천 시스템이다. 인턴십이 훌륭한 채용 시스템으로 각광 받는 이유는, 신입을 경험해 본 현직자들의 평가를 토대로 평가하기 때문에 옥석을 가려낼 수 있기 때문이다. 사람을 파악하는 일은 굉장히 어려운 일이다. 오죽하면 '열 길 물속은 알아도 한 길 사람 속은 모른다'는 속담이 있겠는가. 때문에 면접관은 면접장에서 보여준 모습이 일터에서도 동일할지를 늘 염두에 둔다. 인턴십과 내부 추천은 이러한 불확실성을 줄여준다. 함께 일했던 사람들의 평가와 의견들을 토대로 채용하기 때문에 실패 확률이 낮고, 탁월한 사람들을 지속적으로 추천 받을 수 있는 지속성이 확보된다.

우리가 어디에서 어떤 일을 하든 사람들과 좋은 관계를 유지하고, 최선을 다하며 책임감 있는 모습을 보여 줄 때, 내부 추천을 받는 일이 생각보다 수월함을 알 수 있을 것이다. 이러한 맥락에서, 매 순간 최선을 다하고 긍정적인 모습을 갖추는 연습이 어찌 보면 최고의 스펙이라고 할지도 모르겠다.

질문의 이해도

면접은 일종의 대화이다. 누군가는 질문하고 누군가는 답변한다. 신입 면접에서 답변을 잘못하면, 그 책임이 면접관에게 있다고 생각할 수 있다. 면접자 수준에 맞지 않은 질문이었다고 추정할 수 있기 때문이다. 하지만 경력자는 다르다. 경력자에게는 질문에 대한 이해도를 요구하기도 한다. 실제로 회사 상사들은 디테일하게 질문하거나 문맥을 가지고 질문하지 않는다. 갑자기 생각난 지시를 하거나 자신만 알고 있는 단어와 문장을 사용하며 지시하는 경우가 빈번하다. 우문현답이라는 사자성어처럼 다소 엉뚱해 보이는 질문에도 나의 경험과 관점으로 지혜로운 답변을 도출해내는 연습을 해 볼 필요가 있다.

그래서 면접관들이 신입 면접자들에게는 주로 폐쇄형 질문을 던지는 반면, 경력자들에게는 오픈형 질문을 많이 한다. 비교적 간단한 질문을 하고 어떤 영역에서 어떤 주제로 답변할지 스스로 선택하라는 게 속뜻이다. 폐쇄형 질문은 면접자가 적절하게 답변할 수 있도록 조건과 환경을 제공한다. 선택이나 방향성에 대한 단답형 문제를 낸 후, 자신의 생각을 간단히 이야기하도록 하는 방식이다. 반면에 오픈형 질문은 '우리 회사의 경쟁력에 대해서 말해 보세요' 같은 형태로 굉장히 주관적이며 어떤 형태로든 답변할 수 있게 질문하는 방식이다. 그렇기 때문에 충분히 고민하고 답변을 준비하지 않으면 면접장에서 어려움을 겪을 수 있다. 평소 업무 중에, 상사의 난해한 질문이나 의도를 이해할 수 없는 대화에서 핵심을 뽑아내는 연습을 해보자. '면접 하나 잘 보자고 이런 연습까지 해야 하는가?'라고 생각할지도 모르겠다. 그러나 나는 단순히 면접에 한해서 이야기하는 게 아니다. 커리어로 성장하는 과정에서 반드시 갖추어야 할 의사소통 스킬에 대해서 이야기하는 것이다. 상위 직급으로 올라가고 더 영향력이 있는 커리어를 가질수록 의사소통은 복잡하고 난해해진다. 복잡한 의사소통을 쉽게 핸들링할 수 있는 사람이 전문가다.

경력 면접과 신입 면접의 차이점과 최고의 경력 면접자 특성을 정리하면 다음 표와 같다.

Vs	신입 면접	경력 면접
Ice breaking	O	X
자기소개 판단요소	학력, 전공, 주요 경험	전 직장, 성공의 크기
합격의 순간	태도와 적용가능성	즉시 투입 가능성 회사에 도움이 될 경험
Critical Point	No 개념 (Biz mind, 조직 적응)	납득되지 않는 퇴직 사유
Cheat Key	인턴십	내부 추천
1분자기소개	자신이 준비한 소개	주요 경력과 퇴직사유
질문의 이해도	면접관의 책임	지원자의 책임
질문형태	폐쇄형 질문	개방형 질문
질문의 방향성	미래 지향(앞으로 뭘 할 수 있나?)	과거 지향(예전에 뭘 잘했나?)
지원동기	회사 로열티	경력 성장성

구분	최고의 경력 면접자
Knowledge	업계에서 인정할 성과의 크기를 가짐 우리 회사가 해보고 싶은 영역에서 성과를 내 봄
Skill	우리 회사가 사용하는 시스템을 사용해 봤음 여러 시스템과 프로세스에 적응해 본 적 있음
Attitude	자신의 경험과 상관없이 함께 성장하고자 도전함 회사에 대한 잠재 성장 가능성을 알아봐 줌
Human Power	신입같이 잘 웃고, 수용성이 높음 (신입 같은 경력)

보다 자세한 면접 준비 방법이 궁금하다면
<면접 바이블2.0> 과 함께 학습하길 추천합니다.

면접 바이블 2.0 구매 바로가기
인터넷 교보문고

고민살롱 #5

Q. 물경력과 공백기로 경력이 꼬이는 과정

안녕하세요. 이형님 저는 두 곳의 직장을 다녔고 총 2년의 경력으로 이직을 준비하고 있는 구독자입니다. 저는 대학 시절 경영을 전공할 때부터 공부보다는 일이 체질에 더 맞다고 생각했습니다.

그래서 휴학 없이 칼 졸업 후 일단 스타트업에서 뭐라도 시작해보자는 심정으로 커리어를 시작하게 되었고 회사에서 스스로 일잘러라고 자부하며 일했습니다. 그러나 부끄럽게도 첫 번째 직장에서 1년 반 정도 근무하고 1년 동안 공백기를 가졌습니다. 두 번째 직장에서 1년 정도 근무, 현재까지 또 1년 넘게 공백기가 지속되고 있습니다.

첫 직장에서는 이렇다 할 성과도 많고 추억도 많아 인정받으며 즐겁게 일했습니다. 일이 너무 재밌었던 나머지 저는 넘치는 열정만으로 퇴사를 선언했었습니다.

퇴사 사유는 어학 실력을 늘려서 더 넓은 시장에 더 주도적인 위치로 가야겠다는 꿈이었습니다. 어학연수를 이유로 퇴사했지만, 일정이 어그러지면서 한국에서 학원을 다니며 공부했습니다. 계획된 일 년 동안 열심히 공부했으나 어학 실력이 드라마틱하게 늘진 않았습니다.

그래서 차선으로 선택한 두 번째 직장부터 제 커리어가 꼬이기 시작했습니다. 대기업 수출입 업무를 아웃소싱 받는 회사의 협력업체로 이직했지만 제가 생각한 커리어와 전혀 맞지 않는 회사라는 판단하에 퇴사를 결정하게 되었습니다.

퇴사 이후론 가족 문제로 집을 케어하다 보니 어느새 훌쩍 시간이 지나버렸네요. 다시 예전처럼 첫 번째 직무의 성취와 보람을 느껴보고 싶은데 퇴사 사유였던 어학 문제가 다시 발목을 붙잡습니다.

이제 와서 직무 역량이 부족하다고 느끼는 지금. 너무 꼬여버린 저의 커리어는 어떻게 풀어야 할까요. 모든 이들에게 저와 같은 우를 범하지 말라고 알려주고 싶을 지경입니다.

중요한 키포인트 역량이 부족한 채로 계속 몇 년 전 필살기를 붙들고 첫 번째 회사와 똑같은 업무를 하는 곳으로 가야 할까요. 아니면 무역 직무를 토대로 제조사의 물류 쪽으로 방향을 바꾸어야 할까요.

A.

사연 중에 이해가 되지 않는 부분이 있다. 첫 직장에서 열정이 넘쳤다면, 일을 더 열정적으로 하면 되었을 텐데 왜 갑자기 퇴사를 선언했을까.

필자가 중요하게 포인트 아웃 하고 싶은 부분이 이 사연에 있다. 바로 넓은 시장에 대한 부분이다. 넓은 시장은 어학을 연수한다고 진출할 수 있는 게 아니다. 실력이 있어야 진출하는 것이다. 이를 혼동하면 안 된다.

필자도 인사팀장 맡고 처음에는 한국에만 있었다. 그런데 사업장이 해외로 점점 커지고, 우리 사업부가 한국에서 냈던 성과들을 해외에 이식하는 프로젝트의 PM을 맡게 되면서 넓은 시장으로 진출하게 된 것이다. 나는 언어를 하나도 못 했지만 한국에서 냈던 성과를 이식시켜달라는 요청들이 많아지며 나에게 통역을 붙여주었다. 실력이 나를 해외에 내몬 것이다.

물론 세계는 넓고 할 일은 많다. 그러나 세계로 진출하기 위한 전제 조건은 어학이 아니라 직무 전문성, 실력임을 절대 잊으면 안 된다. 더 넓은 세계에서 더 주도적으로 일하고자 퇴사하고 어학연수를 떠나는 것은 절대 하면 안 된다. 사연을 보내신 분도 본인의 선택을 후회하고 있지 않은가.

한번 생각해보자. 해외 영업을 잘하는 사람은 누구일까? 언어를 잘하는 사람일까 영업을 잘하는 사람일까? 당연히 영업을 잘하는 사람이다. 언어를 잘하면 물론 좋다. 그러나 영업 능력이 안 되는 사람은 영어를 아무리 잘해도 해외 영업을 못 한다.

외국인이 한국에 취업하고 싶다고 가정해보자. 본인이 잘 할 수 있는 게 영업이라면, 한국 기업에 해외 영업으로 지원할 것이다. 외국인들이 아무리 한국말을 잘한들 한국인보다 잘 할 수 있을까? 네이티브끼리 있는 게 영업부인데, 그 안에서도 A급이 있고 C급이 있고 잘하는 사람이 있고 못 하는 사람이 있다. 기본적으로 한국말을 잘하는 사람 안에 일잘러와 일못러가 나뉘는 것이다. 본국의 언어를 잘하는 현지인 중에서도 언어 외의 능력으로 A-C급이 나뉘는데, 언어까지 해야 하는 외국인이 좋은 평가 받기는 얼마나 어렵겠는가.

해외 진출도 똑같다. 해외에 더 넓은 시장이 있긴 하지만, 그 시장까지 가기 위해서 필요한 역량은 전문성이다. 물론 가장 좋은 조건은 언어가 준비된 사람이 능력까지 갖추는 것이다.

어찌 됐든 언어를 뒤늦게 준비하겠다고 실력을 등한시하면 안 된다. 실력은 무엇으로 쌓는가? 도전과 성공 경험이 있을 때 실력이 성장할 수 있다. 정말 단순하지만 강력한 원칙을 절대 무시하시면 안 된다.

오늘 사연 보내주신 분이 1년의 공백기를 가지고 이직했다는 사실에 주목할 필요가 있다.

1년 정도까지는 굳이 공백기라고 생각하지 않아도 된다. 쌩 신입도 1년까지는 괜찮고, 경력자도 짧게 이직한 게 아니라면 1년까지는 조급해질 필요가 없다. 일단 이미 퇴사한 상황이라면 빨리 이직을 하고 커리어를 쌓을 기회를 찾는 게 무엇보다 중요한 포인트이다.

그런데 여기서 우리가 꼭 주의해야 될 포인트가 또 한 가지 있다. 자신만만하게 퇴사했어도 이직이 잘 안되면 자신감을 잃는다는 사실이다. 이직이 잘 안되면 공백기가 길어지는 것 같아서 마음이 조급해진다. 그 조급한 마음에 섣불리 이직하면 문제가 생기기 쉽다. 마음이 급하기 때문에 길이 열리는 곳에 그냥 들어가 버리기 때문이다. 섣불리 이직하기 전에 꼭 회사를 조사하고 가길 바란다. 물론 현직자 인터뷰나 경제 신문 스크리닝까지는 못하더라도, 그 회사 업계 평판 정도는 들어보라. 전혀 다른 영역으로 이직하는 게 아니라면 충분히 할 수 있을 것이다.

회사를 정확히 파악하지 않고 들어간 경우에는 어떤 문제가 생길까? 회사가 나랑 잘 맞지 않는다고 느끼면 쉽게 퇴사를 반복할 수 있다. 퇴사하면 그 회사에서 근무했던 기간은 다 물경력이 된다. 회사와 본인이 잘 맞고 제대로 도전해도 쉽지 않은 게 세상인데, 들어가고 나니 본인과 맞지 않음을 뒤늦게 알면 회사생활이 더 어려워진다. 100% 의욕이 상실되고 몰입도 안 되고 성과도 안 나온다.

이게 반복되면 그 어떤 동기도 부여 되지 않는다. 물경력으로 직결되는 과정인 것이다. 1년 근무했든 2년 근무했든 3년 근무했든 퇴사하는 순간 물경력만 늘어나는 꼴이다. 물경력이 되면 이직도 안 된다. 그럼 공백기가 더 늘어난다. 이직이라는 건 자신의 커리어를 기준으로 선택해야 한다. 꼭 '내가 경력다운 경력을 쌓을 수 있을까'를 기준으로 도전해보라.

아무 회사나 들어가지 마라. 특별히 경력이 있는 분들의 경우, 공백기 때문에 조급한 마음으로 함부로 이직하면 절대 안 된다. 충분히 검토하면서 면접을 보라. 면접 보고 회사에 지원하기까지는 괜찮다. 최종 계약하고 나서도 안 들어가도 되니, 실제 입사 여부는 신중을 기하여 고민하고 선택하기를 바란다.

사연을 보내주신 분이 어학에 집착하는 이유를 모르겠다. 시간이 지나서 그런지 지금은 직무 역량을 고민하는 상황이다. 여러분은 이 상황의 대응법을 무엇이라고 생각하는가? 필자는 아주 명확하게 말할 수 있다. 바로 처음으로 돌아가야 한다. 내 생각엔 처음에 무턱대고 퇴사할 때부터 커리어가 꼬였다. 괜찮다. 꼬이기 전으로 돌아가면 그만이다.

한 가지 주의할 것은 약 3년이 넘는 공백기에 대한 피드백을 반드시 해야 한다는 점이다. 아마도 공백기를 경력으로 인정해달라고 요구만 하지 않으면, 기회를 얻을 수 있는 직장은 많이 있을 것 같다. 첫 직장에서 일도 잘했고, 나름 필살기도 갖추었었다.

그러나 무턱대고 퇴사하고 어학연수를 준비하는 바람에, '저기는 파랑새가 있을 거야'는 식으로 생각했던 게 문제였던 것 같다. 누구나 그럴 수 있다. 나이가 젊었기 때문에 더욱 충분히 그럴 수 있다.

자신의 실수에 대해서 '지금 내가 다시 돌아와 보니 내가 성급했던 것 같고 다른 직무를 해보니 결국 그 당시에 했던 일이 가장 나랑 잘 맞았다. 내가 이런 경험을 거쳐서 더 의미 있는 기회라고 생각되는 이 기업에 지원했다. 내가 과거에는 실수했고 이제 다시 시작하고 싶다.'라고 진솔하게 이야기한다면 이직에는 전혀 문제가 없을 것 같다.

제조사의 물류 쪽으로 가는 건 굉장히 위험한 생각이다. 필자는 직무-산업-직장 셋 중에 두 개 이상을 동시에 바꾸지 말라고 조언한다. 한 개만 바꾸어도 적응이 쉽지 않다. 지금 상황이라면 직무와 산업은 고정하고 나서 일단 커리어를 시작해보라. 그리고 그 안에서 바꿀 수 있는 게 있다면 그때 변화를 꾀해 보라.

오늘 사연 같은 경우에는 공백기를 더 이상 늘리지 않는 게 가장 중요하다. 이미 두 번째 직장을 퇴사하고 나서의 공백기가 꽤 길다. 이 공백기를 더 이상 늘리지 않고 이전에 내가 단추를 잘못 꿰었다라고 생각되는 지점으로 빨리 돌아가서 공백기 없이 커리어를 시작하기를 바란다.

너무 많은 걸 바꾸려고 하지 말고 내가 원래 떠나왔던 곳으로 돌아간다고 생각해보라.

고민 살롱 영상 바로가기 >

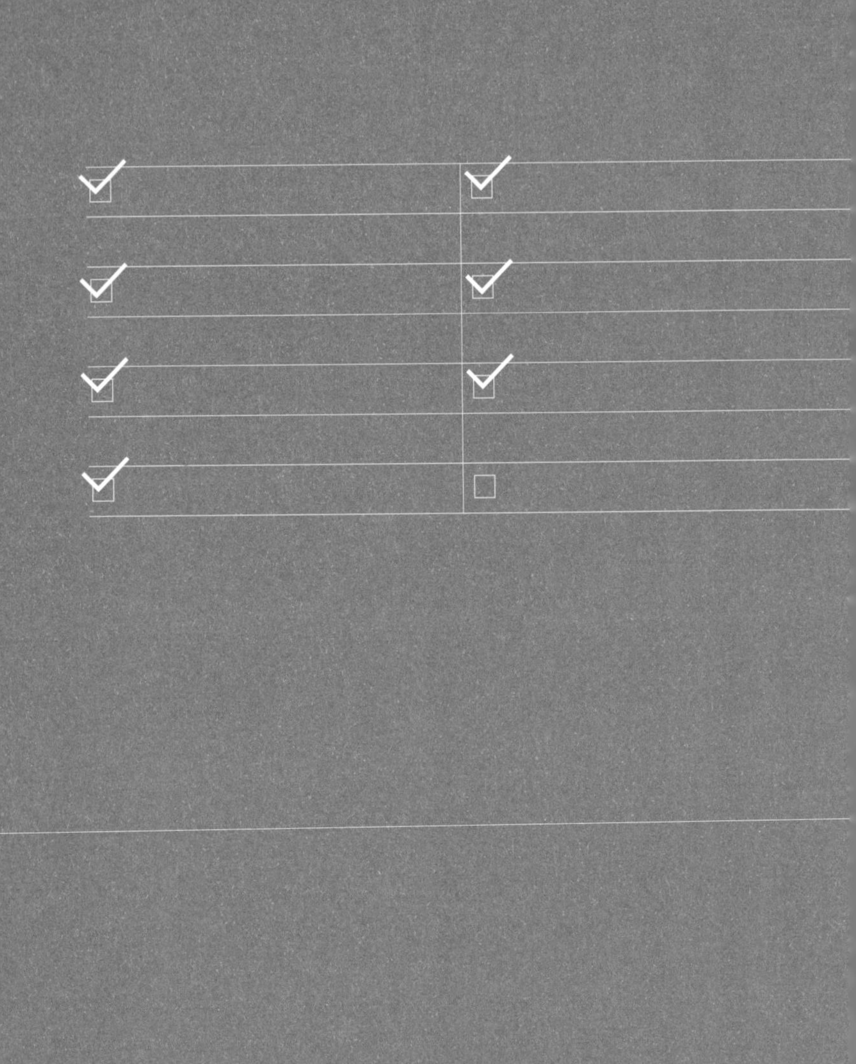

STEP 7

레퍼런스 체크 노하우

레퍼런스 체크(평판조회) 준비 가이드

레퍼런스 체크(평판 조회)를 하는 이유

최근 알고 뽑는 채용이 이슈이다. 기업은 서류 전형과 면접 전형이라는 나름의 채용 절차를 갖추었다. 그런데 갖은 검증으로 지원자를 어렵게 채용해도, 면접 시에 보여주었던 태도와 역량의 정반대를 보여주는 경우가 많다. 이러한 현상을 단순히 지원자의 거짓말 혹은 위선이라고 탓하거나 욕할 필요는 전혀 없다. 기업이 사전에 더 정확히 걸러내지 못한 게 문제이지, 절차를 통과하여 입사한 지원자는 자신의 위치에서 최선을 다한 것일 뿐이기 때문이다. 그래서 수많은 기업들은 지원자를 더욱 정확하게 파악하기 위한 연구를 활발히 한다. 지원자를 비교적 정확히 분석하는 여러 방법들이 개발되었는데, 인턴십이 그 대표적인 예이다. 신입을 채용할 경우, 인턴십을 절차로 삼으면 채용이 간단해진다. 일종의 계약직으로 일정 기간동안 간단한 업무를 맡기고, 부서를 이동시켜가면서 업무의 적합도와 회사의 문화 수용도를 판단하면 된다.

하지만 경력자를 계약직으로 이직시키기는 힘들다. 이러한 한계에서 경력자를 보다 정확하게 진단하기 위해 등장한 절차가 레퍼런스 체크이다. 그들을 인턴십 프로그램에 포함시키는 것보다, 이미 함께 근무해 본 사람들에게 지원자를 확인하는 과정이 더 정확하고 간편함을 알게 되었다. 기업 입장에서 가장 가성비 좋은 방법이기 때문에 담당자들이 자주 사용하기도 한다. 물론 레퍼런스 체크로도 확인할 수 없는 요소들이 분명히 있다. 지원자의 측근들이 거짓말을 하거나 사전에 입을 맞춰 놓는다면 아무래도 정확한 평가가 어렵다. 하지만 한 가지 주제만을 놓고 여러 사람들에게 여러 각도로 이야기한다면, 지원자를 비교적 구체적으로 알 수 있게 되고 이전에 놓쳤던 내용들도 파악할 수 있다. 그래서 채용팀은 질문의 스킬을 업그레이드하고, 적절한 레퍼런스 체크 대상자들을 파악하는 데에 집중한다.

어떤 이들에게는 레퍼런스 체크가 뒷조사처럼 느껴질 수 있다.

심한 경우 레퍼런스 체크를 불쾌하게 생각해서 지원 자체를 포기하기도 한다. 하지만 레퍼런스 체크는 서구권에서는 이미 일반화된 채용 방식이다. 옛날부터 널리 정착된 방식이라는 말이다.

레퍼런스 체크는 우리에게 많은 유익을 주기도 한다. 늘 자신의 평판을 염두에 두고 직장생활에 임하면 이만한 자기 계발 코스도 없다. 당장 평소 하지 않던 의사소통과 리더십을 연습하게 될 것이다. 과도하게 레퍼런스 체크를 의식하면 오히려 관계가 부자연스러워지고 업무집중도도 떨어지겠지만, 미래에 지금 이 순간을 후회하지 않겠다는 생각으로 일한다면 하루하루에 의미를 부여하고 보람을 찾을 수도 있다.

내가 평가받는다는 사실을 인식하는 사람과 그렇지 않은 사람 사이에는 큰 차이가 있다. 마치 날마다 죽음을 의식하고 사는 사람들과 영원히 살 것처럼 사는 사람들의 차이와 같다. 둘 사이에는 거대한 간극이 놓여있다. 시간을 대하는 태도이다. 그들은 매순간을 소중히 여기고 최선을 다한다. 죽음을 의식하는 자들은 최선을 다하기 때문에 인생의 유한함을 생각할 수밖에 없다. 레퍼런스 체크를 의식하는 사람도 마찬가지이다. 그들은 마치 죽음을 의식하며 사는 것처럼 직장에서 최선의 하루를 보낸다. 죽음 자체에 함몰 되지 않고, 최선의 하루에 집중한다.

레퍼런스 체크 진행 방식

그렇다면 레퍼런스 체크가 실제로 어떤 과정을 밟는지 알아보자. 한 번도 경험하지 않은 사람에게는 전체를 큰 눈으로 이해하는 데에 도움이 될 것이고, 경험한 사람에게는 자신의 경험을 되짚어보는 시간이 될 것이다.

전형 프로세스로서의 레퍼런스 체크

채용 전형에 정식적으로 레퍼런스 체크가 포함된 경우이다. 사전에 공지를 할 뿐만 아니라 합격과 불합격으로 결과를 공지한다. 레퍼런스 체크 후 합불을 당장 결론짓지 않아도, 체크 내용을 기반으로 면접에서 합불을 판단하기도 한다. 면접을 아주 잘 봤는데 불합격했다면 레퍼런스 체크의 영향이 절대적이었다고 보아도 무방하다.

요즈음 구조화된 채용 시스템이 대거 개발되고 있다. 이에 발맞추어, 필자는 합격률을 높이는 요소들을 숫자로 찾아내는 데 집중했었다. 그 과정에서 깨닫게 된 사실은, 레퍼런스 체크가 그 어떤 데이터 분석보다 신뢰할 수 있다는 결론이었다. 데이터가 합격을 가리켜도, 레퍼런스 체크에서 확실히 채용해야 할 이유를 찾지 못했다면 채용하지 않는 것이 회사에게 유익하다는 것이다. 반대로 레퍼런스 체크 결과가 매우 좋고, 구체적인 성과까지 제시한다면, 지원자가 제출한 이력서와 경력 기술서가 형편없더라도 합격시키는 것이 회사에게 유익했다. 결국 함께 일해 본 사람의 의견이 가장 정확하고 구체적일 수밖에 없다는, 어쩌면 당연한 이치가 증명되었다.

이것은 물론 구조화된 채용시스템의 완성도가 아직 레퍼런스 체크를 넘어서지 못했다는 해석도 된다. 하지만 아무리 시스템의 완성도를 높여도 과연 레퍼런스 체크의 정확도에 도달할 수 있을까? 나는 어렵다고 본다. 채용 과정에서 수집한 대부분의 정보는 지원자의 의지가 반영된 정보이기에 뚜렷한 한계를 가지고 있기 때문이다. 아무리 객관적인 형태로 제출하려고 해도, 어떤 정보를 제출할지, 어떤 정보를 먼저 제출할지는 지원자가 판단한다. 즉, 지원자에게 유리한 구조라는 것이다. 하지만 레퍼런스 체크의 답변자는 지원자가 아니기 때문에 그만큼 치밀하고 정교하게 정보를 포장할 수 없다. 그리고 지원자를 숫자와 결과물만으로 판단하기보다 과정에 대한 배경까지 점검할 수 있기 때문에, 동료들이 느꼈던 인상과 지원자의 영향력 등을 수집하며 더 정교하고 종합적인 평가가 가능해진다.

전형 프로세스로 레퍼런스 체크를 활용하는 기업은 채용에서 중요한 요소가 무엇인지 정확히 이해하고, 사람을 평가하는 데 심혈을 기울이는 기업일 확률이 높다. 이런 회사에 지원한다면 레퍼런스를 상세하게 준비하고, 누락되는 요소가 없을 만큼 사전에 충분히 의사소통해야한다. 입사 과정이 까다로울 수 있지만, 직원들을 잘 활용하고 도전할 수 있는 시스템이 준비된 기업인 경우가 많으니 기대하는 마음으로 도전해보길 바란다.

참고용으로서의 레퍼런스 체크 : 최종 결정용

면접전형에 정식적으로 공시하지는 않았지만, 채용 과정 중에 갑자기 평판 조회를 진행하는 경우가 있다. 이는 채용 과정에서 예상치 못한 확인 사항을 발견한 케이스로, 레퍼런스 체크를 통해 최종 합격 여부를 결정하는 경우가 많다. 일반적으로 아주 좋은 상황은 아니다. 역량이나 경력이 충분해 보이지만, 퇴직 사유가 명확하지 않거나 성과의 크기나 역할을 정확하게 확인하고 싶은 경우이다. 이런 요청을 받았다면, 동료 중에 나에 대해 가장 우호적으로 설명해 줄 수 있는 사람을 추천하자. 긍정적인 내용을 찾기보다 부정적인 요소를 확인하려는 확률이 높기 때문에 인사팀 혹은 면접관에게 확신을 줄 수 있는 레퍼런스 체크가 필요하다.

결론적으로, 이직 과정에 레퍼런스 체크가 있건 없건 레퍼런스 체크를 무조건 준비하는 편이 유익하다. 전형이 있다면 충분히 준비된 대응을 할 수 있고, 갑작스럽게 참고용으로 레퍼런스 체크를 요청받아도 아무 문제가 없기 때문이다. 물론, 일시적으로 레퍼런스 체크를 준비하는 것보다 평소 나의 회사생활에 확신이 들만큼 최선을 다하는 게 중요하다. 다른 사람들에게 도움을 주어서 남들이 얻지 못하는 정보나 평판을 얻어보자. 남을 돕는 것이 남을 위한 것이기도 하지만, 그 유익이 결국에 나에게도 돌아온다.

최근 이타적인 사람이 성공할 확률이 높다는 많은 연구와 메시지가 발표되고 있다. 이것은 아주 단순한 원리인데, 이기적일수록 행동의 폭이 좁고 경험이 적을 수밖에 없기 때문이다. 에너지가 나를 향하고 있기 때문에 이기적인 사람은 외적으로 보이는 일들을 경험할 수 없다. 하지만, 똑같은 일을 하더라도 다른 사람을 의식하고 그들에게 도움이 되기 위해 열심을 내면, 분명히 다른 접근과 도전을 하게 된다. 이타적인 행위 자체가 인성을 증명해 줄 뿐만 아니라, 남들이 경험할 수 없는 차별화 경험을 갖게 하는 것이다.

진행 주체별 특이사항 : 인사팀 vs 헤드헌터 vs 업계평판

레퍼런스 체크를 진행하는 주관자에 따라서 내용의 밀도나 검증내용이 달라지기도 한다. 레퍼런스 체크는 고도화된 면접 기술로, 면접 당사자가 아닌 사람을 사실상 면접하는 기법이다. 그래서 상대방이 면접받는다고 느끼지 않게 하면서 동시에 내용을 검증해야 하는 난이도 높은 면접기술이다. 인사팀이 직접 레퍼런스 체크를 진행하는 경우가 많은데, 인사팀의 숙련도에 따라 아주 간단한 점검이 될 수 있고, 심도 깊은 면접이 될 수도 있다. 간혹 헤드헌터가 체크를 진행하기도 하는데, 인사팀이 직접 진행하기 어렵거나, 보다 더 객관적인 검증을 하기 위함이다. 일반적으로 인사팀이 직접 진행하는 것보다 부드럽고, 가벼운 주제를 중심으로 평가가 진행된다.

레퍼런스 체크 중 가장 위험하지만 정확도가 높은 방식이 업계 평판을 조사하는 방법이다. 업계 평판 정도 되어야 진정한 의미의 뒷조사라고 할 수 있다. 인사팀이나 헤드헌터 등 인재 시장에 네트워크가 있는 사람이라면 몇 단계를 거쳐 특정 개인에 대한 평판 조회가 가능하다. 보통 지원자와 같은 직장을 다녔지만, 지금은 이직한 현직자를 통해 지원자를 파악하고는 한다. 이렇게까지 조사하는 경우는 매우 드물지만, 리더십 이상의 주요 포지션을 대상에게는 실시하기도 한다. 레벨이 높을수록 많은 사람들에게 노출되고 성과 역시 모두가 알고 있기 때문에, 임원급 리더십에게는 적절한 방법이라고 할 수 있다.

레퍼런스 체크에서 확인하는 3가지

레퍼런스 체크의 주요 평가 요소에 대해 알아보자. 사실 레퍼런스 체크를 별도로 준비한다기보다, 평소에 좋은 평판을 유지하는 게 적합한 준비법이긴 하다. 그래도 주요 평가 요소를 미리 파악한다면 초점을 면접에 집중시킬 수 있으니 살펴보자.

확인사항 1 주요 성과 리스트 일치도 확인

가장 먼저 내용의 일치 여부를 확인한다. 지원자가 제출한 여러 정보들이 사실인지 확인한다. 신입을 채용할 때에는, 지원자들의 경험이 비슷하여 경험 자체보다는 경험을 통해 얻게 된 관점을 중심으로 선발한다. 경력자는 한발 더 나아가, 관점에서 나온 실제 성과가 더욱 중요하다. 그러다 보니, 성과를 과장한다거나 거짓으로 자신을 부풀리는 이들도 있다. 또는 아무 기여도 하지 않은 프로젝트나 업무를 자신이 다 진행한 것처럼 이야기하기도 한다. 이를 정확히 파악하기 위해 함께 일했던 동료들에게 주요 프로젝트의 기여도와 역할을 확인한다. 여기서 중요한 점은, 성과의 크기와 역할보다 지원자가 강조한 내용과의 일치 여부이다. 다른 사람의 성과까지 구체적으로 기억하면서 일하는 사람은 많지 않기 때문에, 정확한 숫자를 요구한다기보다는 특정 경험에 대한 기억과 느낌 정도만을 크로스 체크한다. 하지만, 레퍼런스 체크 과정에서 구체적인 숫자나 비교적 디테일한 성과 등을 확인한다면, 그만큼 인상적이고 영향력이 있다는 뜻이므로 매우 긍정적인 요소로 평가된다.

확인사항 2 강점과 약점

성과와 함께 개인의 성향과 인성을 점검한다. 특별히 강점과 약점을 파악하는데, 모든 사람은 강점을 중심으로 일하는 사람을 환영하기 때문이다. 강점은 성격의 장점과는 다른 개념이다. 사람들과 잘 지내는 성격과는 달리, 업무 과정에서 남들이 따라 하지 못하는 특별한 재능 혹은 역량을 강점이라고 부른다. 분석을 매우 빠르고 정확하게 한다거나, 어려운 내용도 쉽게 설명한다거나, 사람들의 어려움을 쉽게 파악해서 해결과제를 도출한다는 등의 역량과 관련된 것이 강점이다.

강점으로 일하는 것은 매우 중요하고, 상당 기간의 훈련이 필요하다. 성과를 내는 많은 사람들은 강점으로 일하기 때문에 인사팀은 강점에 대한 부분을 더 입체적으로 점검한다.

1. 자신이 인식한 내용과의 일치도 여부

강점을 확인하는 방법은 다양하다. 심리검사를 할 수도 있고, 강점이 무엇인지 스스로 생각해볼 수도 있다. 레퍼런스 체크에서 강점을 살펴보는 이유는 지원자가 인식하는 자신의 강점과, 함께 일한 사람들이 느꼈던 그의 강점이 같은지를 확인하기 위함이다. 사람마다 강점이라 여기는 기준이 다르고, 강점을 표현하는 단어도 다르다. 하지만 지원자가 진짜 강점으로 일했다면, 그를 경험한 모두가 특정 부분에서 동일한 공감대를 갖게 된다. 만약, 지원자가 제시한 단어나 강점에 대해서 아무도 공감하지 못한다면 그것은 강점이 아니라 단순한 바램에 불과하다. 이런 사람은 실제 업무에서 강점을 발휘하지 못했을 뿐만 아니라, 강점에 대한 인식이 전혀 없는 사람이다.

2. 강점으로 일하는 사람인지 확인

모두가 강점으로 일할 수 있다면 좋겠지만, 현실은 그렇지 않다. 나의 강점을 발견하는 게 쉽지 않은 일일 뿐만 아니라, 지속적으로 강점을 활용하여 성과를 내는 것은 다른 차원의 문제이기 때문이다. 하지만, 주요 성과가 있는 사람이라면 반드시 강점이 발휘되었을 확률이 높다. 강점을 반복적으로 발휘할수록 사람은 성과를 내는 방법과 패턴에 익숙해진다. 성과를 낸 사람은 강점이 발휘되는 환경을 알아채거나, 강점을 발휘할 수 있는 환경에 도전할 수 있다. 마치 손흥민이 손흥민 존에서 슈팅하면 득점할 확률이 높은 것과 같은 이치이다. 자신에게 유리한 구역이 어디인지 알고, 그 구역으로 가는 것이다. 그래서 강점으로 일한 경험이 없다는 이유로 불합격되지는 않는다. 강점으로 일한 흔적 정도가 레퍼런스 체크에서 중요하게 다루는 요소이기 때문이다. 이를 이해한다면, 평소 자신의 강점을 활용하기 위해 의지적으로 노력할 수도 있고, 레퍼런스 체크를 준비하면서 평판 조회를 해줄 동료에게

불합격 요소 3 인터뷰에 적극적이지 않고 회피할 경우

지원자가 레퍼런스 체크 대상자로 소개할 정도라면, 나름 고민을 거쳐 선정한 사람일 것이다. 그럼에도 불구하고, 대상자가 인터뷰를 회피하거나 적극적이지 않은 경우가 있다. 약속 시간을 계속 바꾼다거나, 통화가 안 되는 경우가 대표적이다. 이럴 때는 레퍼런스 체크를 하기 싫다는 뜻으로 간주되기 때문에, 사전에 대상자에게 연락이 갈 수 있음을 미리 고지하고 소통해 두는 것이 필요하다.

불합격 요소 4 크리티컬 포인트가 발견된 경우

채용 전형 자체가 자신에게 유리한 정보를 우선적으로 제시하고, 그 안에서 좋은 평가를 받는 것이기 때문에, 크리티컬한 요소로 평가될 수 있는 내용은 의식적/무의식적으로 언급하지 않기 마련이다. 사전에 제출한 정보에서 볼 수 없었던 크리티컬한 사고나 사건, 관계 같은 이슈들이 레퍼런스 체크를 통해서 발견된다면, 그 역시 불합격 요소로 작동될 수 있다. 이럴 경우 레퍼런스 체크를 진행하는 인사팀의 숙련도에 따라서 예상치 못한 대화가 전개될 수 있으니 참고하자.

나의 강점을 한 번 더 언급해 둘 수도 있다.

확인사항 3 추천 여부와 이유

레퍼런스 체크의 꽃이자 핵심은 바로 추천 여부이다. 레퍼런스 체크로 가장 파악하고 싶은 정보는 '다시 그와 함께 일하고 싶은가?'이다. 지원자를 긍정적으로 표현해놓고 이 질문에 대답을 주저한다면 지원자에 대한 평가의 진위 여부를 떠나, 새로운 의문을 불러일으키게 된다. 성과를 냈고, 좋은 인상을 남긴 것은 사실이지만, 함께 일하기에는 아쉬운 점이 큰 사람이라고 보게 된다. '레퍼런스 체크에서 이런 말도 안 되는 경우가 있는가?'라고 되물을 수 있는데, 내 경험에 한해서는 이런 경우가 생각보다 많다. 여기서 말하는 주저함은 soso 정도의 답변, 조건을 다는 경우, 뜸을 들이는 반응을 포함한다. 주저하는 게 개인의 말투일 수 있다. 그러나 레퍼런스 체크는 많은 사람을 대상으로 하기 때문에, 여러 사람이 모두 뜸을 들인다거나 단서를 다는 경우에는 객관적인 평가로 해석할 수 있다. 그래서 레퍼런스 체크의 대상자를 제안할 때는 나를 잘 알고, 나와 함께 일하고 싶은 사람을 추천하는 것이 중요하다.

레퍼런스 체크 불합격 요소 4가지

레퍼런스 체크를 통해 확실히 불합격시키는 경우를 몇 가지로 요약할 수 있다.

불합격 요소 1 이력 사항과 일치하지 않을 경우

무조건 불합격하는 경우이다. 어떤 경력이건 간에 회사가 믿을 수 없게 된다. 만약 회사에 들어오더라도 거짓말을 반복할 확률이 높다. 신뢰하지 못하는 것만큼 비용을 증가시키는 일은 없다. 그 사람이 완료했다고 보고한 일도 다시 들여다보아야 하고, 마음을 놓지 못한 상태로 일해야 한다. 신뢰는 비용을 줄이고, 팀워크를 높이는 핵심 요소이다. 가장 공식적인 문서와 면접 단계에서조차 신뢰가 깨진다면 업무 중에 수 많은 문제가 발생할 것은 불 보듯 뻔한 일이다.

불합격 요소 2 추천 여부를 뜸 들이는 경우

앞서 추천 여부에서 자세히 설명한 내용과 같다. 여러 사람이 동일한 이유로 단서를 달거나, 뜨뜻미지근한 반응을 보인다면 회사에 들어와서도 마찬가지의 반응이 나올 확률이 높다.

위의 4가지 상황은 확인되는 즉시 불합격시키는 요소이다. 이와는 별개로 성과 자체가 없거나 뽑아야 할 분명한 이유를 찾지 못한다면 이 역시 불합격 요소가 될 수 있다. 언제나 나를 뽑아야 하는 이유를 성공 경험 중심으로 소통하는 연습을 평소에 해두자.

레퍼런스 체크 준비하기

레퍼런스 체크는 준비하는 것이 좋다. 단계별로 준비해야 할 사항들을 정리해보자.

1단계 : 인사팀에 레퍼런스 체크 진행 시점과 방법 확인

레퍼런스 체크 전형이 있는지 확인하고, 없다 하더라도 레퍼런스 체크가 진행될 수 있으니 미리 준비하자. 전형 절차가 있다면 5명 정도의 추천인을 뽑아두고 준비하는 것이 좋다. 그렇지 않다면 2명 정도를 염두에 두자. 갑자기 레퍼런스 체크를 하고 싶다고 할 때에 언제든지 제시할 수 있는 사람을 2명 정도 확보하는 게 좋다.

2단계 : 함께 일해 본 사람 & 이직 준비를 아는 사람을 추천

레퍼런스 체크는 당연히 함께 일해 본 사람에게 한다. 이직 준비 사실이 알려지면 회사에서 곤란해질 수 있기 때문에 이전 직장의 상사와 동료 혹은 이전 부서의 상사와 동료에게 비밀을 전제로 사전에 소통하자. 상사와 동료는 반드시 레퍼런스 체크 대상자에 포함된다. 리더십의 포지션이라면 부하 직원도 추가되는 경우가 많으니 참고하자.

3단계 : 주요 성과와 강점, 추천도에 대해 사전미팅

추천 대상자에게 나의 성과와 강점, 추천도의 참고 사항을 제공하면 좋다. 너무 복잡하게 생각하지 말고, 이미 제출한 경력 기술서나 자소서에 함께 일했던 경험을 체크해서 보내보자. 그리고 경력 기술서에 작성한 내용 중에 강조해주길 바라는 내용을 따로 표시하면, 아쉬움 없이 레퍼런스 체크에 응할 수 있다. 추천 대상자와 티타임을 갖거나 식사를 하면서 부탁하는 것이 좋다. 정말 가까운 사이라면 상관없겠지만, 레퍼런스 체크 과정이 그리 간단하지만은 않기 때문에 나의 필요만 요구하는 것은 아무래도 좋지 못하다. 미리 연락을 취하여 만남을 가지고 자신의 상황을 충분히 잘 설명하자. 그리고 사전에 준비한 문서도 보여주면서 친절히 하나씩 안내해보자. 레퍼런스 체크 대상자가 가장 중요한 합격 요소임을 기억하고 사전미팅을 소홀히 하지 말자. 어쩌면 정말 입사하고 싶은 기업의 합격 마침표를 찍는 순간일수도 있다.

고민살롱 #6

Q. 무조건 회사를 믿으면 안 되는 이유

이형님 안녕하세요. 퇴사를 고민하다가 속 시원하게 물어볼 곳이 없어서 이렇게 사연을 남깁니다.

저는 외국계 기업의 재무팀에서 근무한 지 거의 8년이 넘어갑니다. 기업 특성상 한 번 근무하면 오랫동안 근무하는데, 제가 막내로 들어갔을 때 텃세가 심한 탓에 적응이 힘들었습니다. 나이 많은 선배들이 업무를 떠넘기고 질투하고 정치질하는 모습이 너무 싫었습니다. 하지만 복지도 나쁘지 않고 어디 가서 말하기 번지르르한 외국계 기업에 취업했다는 사실만으로 꾸역꾸역 참고 넘겼습니다.

업무 특성상 꼼꼼해야 하고 직원들이랑 커뮤니케이션할 일이 많은데, 저는 둘 다 잘하지 못했습니다. 맡겨진 업무이니 열심히 하려고 노력했지만, 두 가지에 강점이 없다고나 할까요.

그러다 보니 아빠뻘 되는 상사들이 저에게 소리 지르는 경우도 있었는데 그때마다 너무 위축되고 힘들었습니다. 그런데 최근 비용 절감을 위해 본사에서 재무팀 대부분의 업무를 해외 아웃소싱하기로 결정하였고, 최소한의 팀원들만 남고 나머지는 떠나야 하는 상황이 되었습니다. 아무런 언질도 없이 이런 상황이 발생하여 다들 당황하고 어떻게 해야 할지 모르는 상태입니다.

그 와중에 저는 팀에 남을 수 있는 업무라 아웃소싱에서는 제외되었습니다. 하지만 회사 분위기도 엉망이고, 제가 하는 일도 언제든 아웃소싱해 버릴 수 있다는 걱정에 굉장히 자존감이 낮아지고 사회에 쓸모없는 사람이 된 것 같아 자괴감이 듭니다. 정신없이 살다 보니 어느새 시간이 이렇게 지나가 버렸습니다. 어영부영하다가 탈출할 수 없을 것 같고 나이도 적지 않다 보니 나를 받아줄 곳이 있을까 하는 고민도 많습니다.

그렇지만 이 회사에 더 이상 남고 싶지 않습니다. 기존 경력인 재무팀 일도 하고 싶지 않습니다. 공기업이나 공무원이 답일까요?

A.

참 어려운 상황이다. 듣기만 해도 마음이 답답해지는 사연인데, 동시에 많은 이들의 고민이 되어야만 하는 주제이다.

예전에 〈코로나 이후의 세계〉라는 책을 추천한 적이 있다. 이 책을 비롯한 많은 미래학자들은 직업적인 세계의 변화를 이렇게 예측한다.

첫 번째, 계산하고 논리를 짜고 프로세스화 하는 모든 것들은 AI로 대체된다. 두 번째, 물리적으로 해야 했던 많은 일들은 로봇으로 대체된다. 그렇다면 결론적으로 무슨 일이 남을까? 사람만이 할 수 있는 일이 남는다. 사람만이 할 수 있는 일이란 무엇일까? 책 〈코로나 이후의 세계〉에서 제이스 셍커는 지식 근로자 혹은 필수 근로자라고 말한다.

여기에서 말하는 필수 근로자는 엄청난 자본을 갖고 있거나 어마어마한 통찰력을 갖고 있는 사람이다. 아주 소수일 수밖에 없다. 전 세계적으로 아주 많지 않을 것이다. 게다가 요즘처럼 플랫폼이 모든 것을 흡수·통합하는 시대라면 아마도 필수 근로자가 될 수 있는 사람은 더더욱 소수일 수밖에 없다.

그러면 대다수에 속할 우리는 어떻게 되어야 할까? 필자가 반복적으로 강조했던 지식근로자다. 제이슨 셍커도 피터 드러커와 똑같은 말을 쓴다. "지식 근로자가 되어야만 향후에 있는 어려움들을 극복할 수 있다."

오늘 사연을 통해서 모두가 꼭 알아야 되는 점과, 초점을 잡아야 될 내용을 조언해보겠다. 먼저, 미래학자들이 말한 내용 두 가지를 쉽게 설명해보자면, T자형 인재가 되어야 한다는 거다.

T자형 인재란, 기본적으로 나의 전문성이 있고, 전문성 이외에 얕지만 넓은 지식들을 이해하는 사람을 뜻한다. 그래서 요즘에는 더블 T자형 인재, 심지어 트리플 T를 해야된다는 말들도 나온다.

피터 드러커는 T자형 인재라는 용어를 쓰진 않았지만, 그가 말한 지식 근로자가 이미 T자형 인재를 말하고 있다. 드러커가 정의하는 T자형 인재는 자신의 전문성을 다른 전문성과 연결할 줄 아는 사람이다. 많은 사람이 T자형 인재가 되어야 한다고 말은 하는데, 정작 왜 T자형 인재가 중요한지는 설명을 안하곤 한다. 우리에게는 반드시 T자형 인재가 되어야 하는 이유가 있다. 그 이유는 별다른 게 아니다. 내 전문성을 통해서 성과를 내기 위함이다.

위에서 전문성 위에 넓은 이해라고 설명했다. 넓은 이해가 없다면 성과는 자기 전문성 안으로 한정된다. 그런데 나의 전문성만으로 성과를 내는 데에는 한계가 뚜렷하다. 스마트 워치를 만든다고 가정해보자. 워치에 회로를 만들고 설계하는 최고 전문가가 있다. 그 전문가가 회로를 세계 최고 수준으로 설계했다. 그러면 성과가 날까? 성과를 내려면 결국 디자인하는 사람이 있어야 되고, 조립하는 사람이 있어야 되고, 마케팅하는 사람이 있어야 되고, 판매하는 영업 담당자가 있어야 한다. 이 모든 전문가들의 역량이 결합되어야 상품으로서의 가치가 생기는 것이다.

이렇게 현대화된 경영시스템은 대부분 직무를 중심으로, 또 조직을 중심으로 분업화되어 있다. 전문성을 분업시스템 속에서 발휘해야하기 때문에, 단순히 I자로 대변되는 나만의 전문성으로는 좋은 성과를 만들어내기 어려운 것이다. 좀 더 빨리, 좀 더 쉽게, 좀 더 잘하기 위해서는 나의 전문성과 다른 사람의 전문성을 잘 연결할 수 있어야 하는데, 다른 사람과의 전문성을 연결하기 위해서는 전반적인 이해가 필요하다.

거꾸로 얘기하면 전반적인 이해의 토대 위에서 '무엇이 가장 중요한가?' '나의 전문성의 깊이는 어디까지 들어가야 되는가?'를 판단할 수 있게 되는 것이다. 어떻게 이런 전문성을 가질 수 있는가? 큰 그림을 보는 눈을 가져야 한다.

사업이 됐건 조직이 됐건 전략이 됐건 큰 그림을 보는 눈이 있어야 된다. 큰 그림을 보기 위해서는 세 가지에 집중해야 한다.

첫 번째는 바로 고객, 두 번째는 고객으로부터 나온 목표, 세 번째는 이것을 수행하는 과정에서 알게 된 학습이다. 고객-목표-학습. 이 세 가지의 반복 고리를 많이 왔다 갔다 하는 사람이 결국에는 이해력도 넓어지고 자신의 전문성도 갖출 수 있다.

여러분들은 이 세 가지를 절대 놓치지 말고 계속해서 순환하면서 자신만의 학습 고리를 가지기를 바란다.

요즘에 굉장히 선진적인 경영 방식이라고 말하는 OKR, 그로스 해킹, 린 스타트업 등의 방식은 모두 학습을 주제로 하고 있다. '학습을 목표로 모든 활동이 일어난다'는 것이다. 여러분은 전문성을 높이기 위해서 어떤 학습과 어떤 도전을 하고 있는가? 오늘 하루, 이 부분에 대해서 생각해보길 바란다.

사연을 보내주신 분에게 구체적인 조언을 해보겠다. 먼저 공기업이나 공무원으로 가는 것은 신중하게 생각해야 한다. 외국계 회사에서 근무했다는 특성 때문이다. 외국계 회사의 문화는 우리나라의 기업 문화와는 다르다. 다행인지 불행인지 정치질도 겪고 꼰대들도 많이 대하면서 한국 문화도 겪으신 것 같다.

물론 이런 걸로 한국기업문화와 비슷하다고 말하기는 어렵지만, 그래도 외국기업은 외국계 기업이다. 지금도 회사가 어려워지니 바로 아웃소싱을 결정하고 직원들을 내보내지 않는가? 사실 우리나라의 일반 기업은 이러기 쉽지 않다. 8년이면 적지 않게 근무를 한 거다. 긴 시간 동안 근무했는데 갑자기 공기업 공무원으로 가면, 일단 가기도 쉽지 않을뿐더러 가고 나서가 더 문제이다. 먼저 체계와 절차, 조직 문화를 엄청나게 답답해 할 것이다. 아무리 재직 중이던 회사가 답답하고 어려웠고 꼰대 문화가 있었다고 해도 공공기관의 수준을 넘기는 쉽지 않기 때문이다.

두 번째 이유는, 이미 재무 업무를 8년간 했다는 점이다. 직무가 싫다고 말씀했는데, 직무를 바꾸는 것에 대한 포인트를 바로 잡아야 한다. 재무 직무가 정말 맞지 않는 건지, 아니면 성과 자체가 없는 건지를 구분해보라. 만약에 성과 자체가 없는 거라면 직무를 바꾸어 볼 만하다.

다만 본인도 느끼고 있겠지만, 본인의 경력이나 나이를 봤을 때 직무 변경이 쉽지 않을 거라 생각할 것이다. 사실 그렇다. 회사 입장에서도 경력자가 그 분야의 전문성이 없다면, 신입을 뽑는 게 더 낫다고 판단할 수 있다.

외국계 기업 특성상 Job description(직무기술)이 굉장히 세분화 되어 있을 것이다. 그리고 권한의 범위도 국내 기업들보다 더 좁혀져 있을 것이다. 다른 직무에 대한 이해가 넓지 못한 상황에서, 다른 직무로 지원한다 한들 좋은 결과를 받기란 쉽지 않다. 나는 차라리 외국계 회사에서의 재무 경력을 살려서 일단 이직을 하고, 이직한 회사 안에서 직무를 변경을 하는 게 좋을 것 같다고 생각한다. 나는 항상 직무-산업-직장을 한 번에 바꾸지 말라고 말한다. 두 개 이상을 한 번에 바꾸면 엄청난 혼돈이 오기 때문이다.

그리고 회사생활 하면서 고함 소리를 듣지 않거나 욕 먹지 않은 사람이 어디있겠는가. 그런 경험은 다 한다. 본인이 무능해서 욕을 먹은 것인지, 상사가 감정적으로 욕한 것은 아닌지 돌아보기를 바란다. 8년이라는 근무 기간이 있기 때문에 어떤 형태로건 성과라고 규정할 수 있는 것들이 있을 것이다. 그런 직무 전문성을 가지고 이 직무를 계속하는 게 좋을지 아닐지를 한번 판단해 보기를 바란다. 이 분별의 과정을 꼭 거친 뒤에 결정해도 늦지 않다.

마지막으로 세 번째로 설명하고 싶은 것은 분위기이다. 회사 분위기가 굉장히 분위기가 흉흉할 것이다. 일종의 구조조정을 했기 때문이다. 구조조정에도 다양한 방법들이 있는데, 이런 케이스는 외과적인 구조조정을 단행한 경우이다. 가장 고통스럽고 상처가 눈에 딱 보이는 방법이다. 조직을 도려냈기 때문에 어쩔 수 없이 상처가 아물기까지 시간이 필요하고, 아픔이 더 길게 느껴질 수 있다.

수술해본 사람은 알겠지만 수술 직후에는 굉장히 아프다. 그런데 상처가 아물고 건강을 회복하기 시작하면, 언제 그랬냐는 듯이 다시 에너지가 생기고 운동도 하고 도전도 하고 활기를 되찾게 된다. 회사도 마찬가지다. 지금은 구조조정을 했기 때문에 분위기가 침울할 수 있지만 계속 그렇지는 않을 것이다. 분위기가 꾸준히 암울하면 직원들이 다 떠나고 회사의 성장도 어려워지기 때문이다. 이는 회사가 원치 않는 일이기 때문에 분명히 어느 시점에서 분위기를 다시 바꾸고자 할 것이다. 힘든 기간을 잘 버텨주었던 사원들에게 새로운 기회를 주면서 적극적인 정책을 펼칠 가능성이 높다.

그때가 된다면 지금까지 경험했던 회사의 모습과는 다른 차원의 회사가 될 수도 있고, 자리를 지킨 사람이라면 위치나 포지션과 상관없이 더욱 커리어에 적합한 기회를 받을 수도 있다. 회사의 이해가 더 높기 때문이다. 그러니 섣불리 퇴사하지 말기를 바란다.

타이밍을 기다리면서, 여러 가지 조언을 머릿 속에 넣은 채로 다음 스텝을 준비하는 게 좋지 않을까 싶다. 그렇다고 이직을 하지 말라는 얘기가 아니다. 다만 무턱대고 퇴사하기보다는, 여러 가지를 고려하고 검토하면서 이직 준비를 하는 게 좋다는 말이다.

수년 내에 사연과 같은 흐름들이 계속 강풍처럼 몰아닥칠 것이다. 그러니 지금부터 '어떻게 하면 커리어를 나만의 방향성을 따라 독자적으로 만들 수 있을까' '회사가 어려워지거나 구조조정을 강행하면 나는 어떤 입장이 될까'를 생각하면서 한 주를 보내기 바란다.

결국 실력을 갖추면 모든 게 잘 되게 되어 있다. 그래서 필자는 필살기를 만들라고 계속해서 말하는 것이다.

고민 살롱 영상 바로가기 >

STEP 8

완벽하게 마무리하는 퇴사 가이드

퇴직 면담의 순서와 주의사항

이직 면접 과정을 모두 마치면, 합격을 통보받고 입사 일정과 연봉 등을 조율하게 된다. 그리고 퇴사 절차를 밟는다. 모든 만남에는 헤어짐이 있다. 그래서인지 만남보다 헤어짐이 훨씬 중요하다고 느낄 때도 있다. 이직한 회사야 새롭게 적응할 곳이니 가서 열심히 하면 문제 될 일이 없지만, 퇴사할 회사에서는 주의하지 않으면 얼굴을 붉히면서 헤어질 수도 있다.

'사람이 들어온 자리는 티가 안 나도 나간 자리는 티가 난다'는 말이 있다. 평소에 잘해주지도 않고 중요한 역할을 주지도 않았으면서, 막상 사표를 내미니 붙잡거나 배신자 취급하는 회사도 있다. 이직할 곳이 확정되었다면, 퇴직 사실을 현명하게 알리고 자신과 회사에게 모두 도움 되는 프로세스로 끝을 맺어야 한다. 끝맺음은 퇴직 면담과 인수인계를 잘 마무리하면 된다.

퇴직을 하며 부정적인 기억을 남기는 경우는 대부분 2가지 유형이다. 퇴직 면담 과정에서 부정적인 이미지를 남기거나, 인수인계를 성실히 하지 않아서 후임자가 업무를 제대로 처리할 수 없게 만드는 경우이다. 이미 이직을 여러 번 경험한 분이라면, 다음 내용들을 보면서 나의 퇴직 과정이 어떠했는지 돌아보자.

퇴직 면담의 순서

말 한마디로 천 냥 빚을 갚는다고 하지 않는가? 퇴직 면담은 정말 중요하다. 일반적으로 이직 전에는 해방감을 느끼고 싶어 한다. 이전 회사가 마음에 들지 않고, 싫고, 어서 떠나고 싶은 상황에서, 마침 이직할 회사로부터 합격 통보를 받으면 급한 마음에 다짜고짜 퇴사를 통보하기도 한다. 잘못된 일은 아니다. 하지만 현명한 처신도 아니다. 들뜬 마음을 진정시키고 장기적인 관점에서 나의 처세를 어떻게 하면 좋을지 구상해보기를 추천한다.

내가 조급하게 어떤 행동을 하지 않아도 어차피 이직은 진행

된다. 그렇기 때문에 퇴사를 잘 마무리하는 것이 중요하다. 굳이 부정적인 이미지를 남길 이유는 없다. 커리어는 장기적인 관점으로 접근해야 한다. 이직 후에도 근무했던 회사와 연결되는 경우도 많고, 일종의 네트워크처럼 동료들과의 관계가 하나의 역량으로 인식되는 경우도 있다. 나중에 어디서 어떻게 만날지 모른다는 말도 있지 않은가? 간단한 몇 가지 원칙을 지키고 조금만 신경 쓰면 마무리를 아름답게 맺을 수 있다.

퇴직 면담 순서는 정말 중요하다. 일반적으로 친한 동료들에게 먼저 이직 사실을 알리는데, 나는 할 수 있다면 상사에게 가장 먼저 보고하라고 제안하고 싶다. 조직은 질서로 운영되는 곳이다. 상사는 나를 관리할 책임이 있고, 내가 퇴사한 후에는 나의 업무를 어떻게 조치해야 할지 생각하는 사람이다. 다르게 말하면, 회사에서 나의 퇴직에 가장 큰 영향을 받는 사람이 바로 상사라는 말이다.

간혹 부하 직원이 가장 큰 영향을 받을 거라 생각하는데, 이는 사실이 아니다. 나와 아주 좋은 관계이거나 정말 많은 것들을 전수해준 부하 직원이 아니라면, 나의 퇴사 사실에 감정적으로는 아쉬워할지 몰라도, 새로운 사수를 만나면 금세 아쉬움이 사라지기도 한다. 하지만 상사는 그렇지 않다. 나의 빈자리를 채워야 하는 사람이고, 사람을 채용하는 게 생각보다 쉽지 않기 때문에 여러 가지를 고민해야 하는 사람이다. 또 퇴사하고 회사를 옮기더라도 상사와의 관계는 굉장히 중요하게 남아있을 수 있다. 상사들끼리 업계 네트워크가 있을 수도 있고 그런 곳에서 우연히 나를 아는 상사를 만날 수도 있다. 앞서 레퍼런스 체크라는 전형을 설명하면서, 가장 강력한 영향력을 발휘하는 요소가 업계 평판이라고 말했었다. 언제나 공식적인 것보다 비공식적인 것이 더욱 강력하다. 나에 대해 부정적인 의견을 늘어놓는 상사라면, 상사들의 모임에서도 나의 부정적인 면이 공유될 수 있다. 하지만 거꾸로 생각해서 비록 아쉬운 마무리라 하더라도, 상사를 존중하고 인정하는 면담을 한다면 당신의 마지막 기억이 꼭 나쁘지만은 않을 수도 있다.

상사를 존중하는 차원에서 나의 퇴직 사실을 가장 먼저 상사에게 공유하자. 그리고 어떻게 조직에게 알리고 어떤 순서로 퇴사를 준비해야 될지 상사에게 조언을 구해보자. 나에게 더 좋은 기회였고, 커리어의 발전을 위한 선택이었음을 잘 설명한다면 대부분의 상사는 당신을 이해할 것이다. 매우 아끼는 팀원이었거나, 새로운 사람을 뽑을 자신이 없다면 퇴사를 반대할 수도 있다. 하지만 우리는 이미 이직을 결정한 상태이기 때문에 상사의 반응에 너무 영향받을 필요는 없다. 공손하게 우리 입장을 전달하는 데에만 집중하자.

그다음으로 퇴직 면담을 해야 할 대상은 나의 부하 직원이다. 사실 동료에게는 굳이 먼저 알리지 않아도 된다. 퇴사하기 전에 식사를 한다거나 티타임을 갖는 정도로 가볍게 이야기해도 크게 문제 되지 않는다. 물론 절친이라고 부를 정도로 특별한 관계라면 당연히 이야기해야겠지만, 나에게 업무적으로 가장 큰 영향을 받는 사람은 상사와 부하 직원이라는 사실을 명심하자. 상사와의 소통을 잘 마쳤다면 그다음 순서는 부하 직원이다. 어떤 생각과 과정에서 퇴사를 결심했는지 이야기해주고, 나의 퇴사가 정답이라거나 이 회사에 남아 있는 것이 잘못되었다는 뉘앙스로 오해하지 않도록 주의하는 것이 좋다. 남아있는 부하 직원이 직장생활을 잘하기 위해서 어떤 것들을 해야 할지 조언해 줄 수 있다면 가장 좋은 면담이 될 것이다. 가까운 부하 직원이었다면 감정적으로 아쉬움이 많이 남을 수도 있다. 하지만 직장생활을 하면서 상사-부하로 만난 관계가 평생 가는 경우는 거의 없다. 개인적인 친분으로 발전하지 않는 이상, 어차피 회사의 목적과 개인의 커리어로 인해 헤어지는 관계이기 때문이다. 다만 부하 직원과 면담할 때에는 퇴사 일정과 구체적인 업무 조치 사항을 상세하게 설명해 주는 것이 좋다.

사전에 전달할 내용을 정리해서 면담을 하자. 부하 직원 입장에서는 의지했던 사수가 갑자기 사라지는 청천벽력 같은 소리일 수 있다. 팀원이 주니어 레벨이거나 스스로 업무를 해결하는 단계가 아니라면 사수의 퇴사는 충격적인 사건일 수밖에 없다. 그런 부하 직원의 감정을 고려하여 면담하면 된다.

퇴직 면담 시 주의사항 3가지

주의사항 1 서운했던 일만 이야기

헤어지기 전에 가장 주의할 행동이 서운했던 일들을 쏟아놓는 것이다. 직장생활이 서운했고 힘들었고 어려웠을 것이기 때문에 상사 얼굴에 침이라도 뱉고 싶을 수도 있다. 그 마음을 대변해서 드라마나 코미디 같은 프로그램들이 상사에게 복수하는 모습을 통쾌하고 유쾌하게 그려내기도 한다. 그러나 실제 우리의 커리어는 복수심으로 쌓을 수 없다. 설령 나의 경로를 완전히 바꾸어서 전혀 다른 일을 한다 하더라도, 앞서 말했듯이 어디서 어떻게 다시 만날지는 아무도 모른다.

생각을 조금만 바꾸어보자. 많은 사람들이 퇴사할 때 부정적인 이야기와 힘들었던 이야기를 쏟아놓고 퇴사했는데, 반대로 좋았던 일과 감사했던 일들을 중심으로 면담한다면 얼마나 기억에 남는 사람이 될까? 아주 작은 차이가 큰 변화를 만드는 법이다. 좋은 말만 하라는 뜻이 아니라, 서운했던 일과 안 좋았던 일만 쏟아내는 것을 피하라는 말이다.

보통 아쉽고 서운했던 일을 꺼낼 때는 말하는 이의 감정이 느껴진다. 마음속에 있었던 응어리가 느껴지면서, 굉장히 부정적인 감정으로 마무리하는 경우를 많이 보았다. 지난 회사생활을 돌아보면 힘든 시간도 있었지만 분명히 의미 있고 성장했던 순간들도 있었을 것이다. 그런 시간들을 잘 정리하고 돌아보면서 감사를 표현할 줄 아는 사람이 성숙한 사람이다. 따지고 보면 이전 회사가 없었다면 지금 나의 이직도 불가능했을지도 모른다. 하나의 커리어로써 경력이 되어 주었기 때문에 긍정적으로 매듭짓는 게 여러모로 좋을 것 같다.

주의사항 2 다른 사람에 대한 부정적인 코멘트

앞서 언급한 서운했던 일은 구체적인 사건이나 상황에 대한 경우이다. 이번에 주의할 점은 사람에 대한 경우다. 일반적으로 퇴사 의지를 밝히면 주변에서 말리는 경우가 많다. 그때 특정 인물을 언급하며 '저 사람의 부정적인 면이 나를 퇴사할 수밖에 없게 만든다'는 식의 답변을 할 수 있는데, 이러한 답변은 정말 최악이다. 특별히 그 대상이 상사라면 굉장히 불편한 관계로 헤어질 수밖에 없다. 상사 때문에 힘들었음을 꼭 표현하고 싶다면, 다른 데서 떠들기보다 조용히 인사팀 면담에서 말하는 게 제일 좋다. 나와 함께 일했던 상사, 부하, 동료들에게 이런 이야기를 잘못하면 그 대상자인 상사에게까지 들어갈 확률이 높다. 물론 인사팀 또한 부정적인 내용으로 면담하는 게 좋지는 않지만, 적어도 그 대상을 어떻게 교육하고 평가할지를 생각할 수는 있다.

상사를 포함한 특정 인물에 대한 부정적인 견해는 가급적이면 마음속에 담아두자. 퇴사 이후 나의 평판에 영향을 미칠 수 있기 때문이다.

주의사항 3 조건, 연봉, 처우 이야기

조건, 연봉, 처우도 이야기하기 좋은 주제는 아니다. 우리에게 현실적인 영향을 많이 주고 회사나 이직의 직접적인 조건이 되는 사항이지만 말이다. '조건과 연봉을 조정해주면 퇴사하지 않겠냐'는 질문 앞에 우리는 고민하게 된다. 우리가 퇴직 사유를 정리하는 과정에서 심혈을 기울였던 이유가 바로 여기 있다. 실제 퇴직 사유를 정리해보면 단순히 연봉이나 조건만을 이유로 퇴사하는 사람은 소수이다. 이직사유에는 보다 근본적인 이유가 있다. 시간을 더 의미있게 보내기 위해 퇴사하고 이직하는데, 퇴직 면담에서 본인이 조건이나 연봉을 계속 언급하면 마치 처우를 협상하려는 듯한 모습처럼 보일 수 있다. 만약 회사가 당신을 붙잡고 싶다면 조건이나 연봉으로 새로운 제안을 할 수 있다. 그때 고민한다면 당신의 퇴직 사유가 불분명한 것일 수도 있다. 반대로 새로운 제안을 뿌리치고 이직을 강행한다면 회사 입장에서 이해할 수 없는 사람으로 비칠 수도 있다. 앞서 정리한 퇴직 사유를 그대로 이야기하자. 보다 본질적인 사유라면 그 누구도 막을 수 없고 오히려 공감할 것이다.

마무리를 잘하는 방법 : 인수인계

면담과 더불어서 실제적으로 취해야 할 행동이 있다. 바로 인수인계이다. 많은 경우 후임자가 인수인계를 제대로 받지 못해 업무에 어려움을 겪는다. 인수인계는 말과 글로 해야 한다. 퇴사하기 전에 충분한 에너지를 써서 인수인계를 하자. 물론 아무리 최선을 다하고 열심히 했다 하더라도 인수인계는 절대로 완벽히 이루어질 수 없다. 인계받는 사람이 실제 업무를 경험해야만 기본적인 이해도를 갖출 수 있고, 질문의 수준이 현직자와 같아지기 때문이다.

나의 업무를 담당할 사람이 없는 경우라면 글로만 인수인계를 해야하는데 이는 더더욱 어려운 상황이다. 업무 매뉴얼이 효과적이지 않은 이유는 상대방의 수준을 정확히 알 수 없기 때문이다. 어디까지 알고 무엇을 이해하고 있는가에 따라서 전달해야 할 내용이 현격히 달라진다. 대화를 할 수 있다면 대화를 통해 상대방의 이해도를 파악할 수 있지만, 대상이 없다면 케이스와 설명을 더 디테일하게 쓸 수밖에 없다. 그래도 효과적인 업무 인수인계를 위해 인수인계서를 먼저 작성하고 그 내용을 토대로 인수인계한다면, 업무의 누락을 방지할 뿐 아니라 내용 또한 충분히 이해시킬 수 있을 것이다. '퇴사할 사람이 이런 일까지 해야 하는가?'라는 생각을 할 수 있는데, 인수인계를 잘하는 사람이 얻는 유익이 있다. 첫 번째는 책임감 있는 사람이라는 평판을 얻게 된다. 퇴사하는 대부분의 사람들은 퇴사와 이직에만 집중하지 기존에 다니던 회사는 어떻게 되든지 신경 쓰지 않는다. 하지만 회사에 다닌 기간이 짧더라도 인수인계에 집중하는 모습을 보이면 그 사람의 됨됨이를 다시 보게 하고, '비록 퇴사하지만 저만한 사람은 없다'라는 긍정적인 인식을 심어 줄 수 있다. 이것은 향후 우리의 커리어에 굉장한 레퍼런스가 되어 줄 것이다. 두 번째로 맡았던 업무에 대한 지식이 정리된다. 분명히 의미 있는 성과를 낸 경험도 많은데, 정신없이 업무를 해치웠던 탓에 성과와 경험을 전혀 인식하지 못하고 지나가는 경우가 많다. 인수인계를 통해서 무심코 지나쳤던 경험들을 재조명하게 될 것이다. 나의 전문성을 더 정교하고 심도있게 만들어 가는 과정으로 여겨보자. 업무 인수인계서를 잘 정리해서 그것만 챙겨가도 엄청난 지식이 될 수 있다.

인수인계서에 포함되면 좋은 항목 3가지

1. 업무 리스트

가장 기본이 되는 요소이다. 시간대별로 혹은 업무별로 어떤 프로세스를 거쳐야 하고 어떤 기준을 세워야 하는지 상세하게 만들면 좋다. 정말 중요한 것은 기준과 노하우에 대한 언급이다. 간혹 업무 매뉴얼이라는 것을 자동차 매뉴얼처럼 디테일하게 만드는 사람들이 있다. 그러나 자동차를 산 사람들 중에 자동차 매뉴얼을 들고 다니며 운전하는 사람을 본 적이 없다. 처음 한두번은 펼쳐 볼 수 있지만 실제로 운전하면서 지속적으로 매뉴얼을 보는 사람은 없듯이, 인수인계서 역시 한두 번 훑어보고 덮어둘 내용이라면, 내용이 아무리 상세해도 퀄리티와 수준이 매우 낮은 상태라고 보아야 한다. 인수인계서의 양이 중요한 게 아니다. 핵심적으로 다루어야 할 내용이 무엇인지, 어떤 기준이 의미 있는 것인지를 정리하는 관점으로 작성해야 한다. 그래서 인수인계서를 잘 작성하면 나의 전문성이 정리되는 것이다.

2. 성과 리스트

업무 리스트보다도 수준이 높은 리스트이다. 경력기술서에 작성했던 내용과 중복될 확률이 높다. 내 업무에서 가장 큰 성과는 무엇이었고, 그 성과가 어떤 요건들로 인해서 가능했는지를 정리해주는 것이다. 커리어 적인 측면에서 성장하는 사람들의 공통점은 작더라도 성공하는 경험을 하는 것이다. 이것이 중요한 이유는 성공이라는 것 역시 일종의 패턴이 있고, 그 패턴을 잘 이해하고 활용하는 사람이 지속적이고 반복적인 성과를 낼 수 있기 때문이다. 나의 성공 경험을 잘 정리해두면 나에게도 도움이 되고 업무를 인계받는 사람 역시 큰 도움을 받을 수 있다. '고생해서 얻은 지식을 왜 다른 사람에게 전달해야 하는가?'라고 반감을 가질 수도 있다. 그러나 당신의 인수인계서로 도움받은 사람은 당신의 팬이 될 것이다. 나를 따르는 사람이 있다는 것은 향후 리더십 역량을 갖추는데 굉장한 경험이 될 수 있다.

3. 실수 리스트

내가 했던 실수들은 누구나 반복할 수 있다는 것을 기억하자. 사실 실수만 줄여도 일을 잘하는 사람이 될 수 있다. 성과를 지속적으로 쌓으면 누구나 인정하는 좋은 인상을 남길 수 있다. 그러나 성과는 만들기 힘들고 복잡하고 힘든 여러 과정을 조율해야 하는 어려운 일이다. 이와는 반대로 실수와 실패는 단순해도 사람들에게 단번에 부정적인 이미지를 심어줄 수 있다. 실수에는 강력한 임팩트가 있기 때문이다. 그래서 성공을 경험하기 전에 실수와 실패를 먼저 경험하면 자신감을 상실하고 일에 대한 의지가 꺾일 수도 있다. 실패 경험 역시 '후임자가 겪어야 할 일이다'라고 생각할 수 있지만, 앞서 언급했던 유익이라는 관점에서 미리 정리해보길 권한다. 실수리스트를 정리하면 얻을 수 있는 유익이 있는데, 나의 반복되는 실패 패턴을 발견할 수 있다는 것이다. 세상에서 가장 위대한 지식이 신의 존재를 아는 것과 나에 대해서 아는 것이라고 하지 않는가? 나는 인사전문가로서 '나에 대해 안다는 것'을 이렇게 정의한다. 나의 강점과 그 강점을 활용했던 성공들을 아는 것, 동시에 나의 약점과 그 약점을 보완해내는 노하우를 갖게 되는 것. 지금 작은 에너지를 쓰면 나에게 큰 도움이 되는 정리를 할 수 있을 뿐만 아니라, 다른 누군가에게 선한 영향력 또한 끼칠 수 있다. 선한 영향력을 끼치는 데에도 연습이 필요하다. 영향력을 행사하는 좋은 경험이 될 것이다. 내가 했던 실수가 반복되지 않도록 다른 사람을 도와보자.

완벽한 마무리를 위한 한 가지 : 감사 표현

지금까지 정리한 내용만 실행해도 당신은 이미 충분한 임팩트를 남긴 사람이 되었을 것이다. 하지만 우리는 여기서 그치지 않고 점을 하나 더 찍겠다. 퇴사하기 전에 나에게 영향을 주었던 사람들을 찾아서 감사 표현을 해보자. 가능하다면 대면으로 만나서 어떤 면에서 도움을 받았고 어떤 면에서 감사했는지를 구체적으로 표현하자. 감사하다고 말하는 게 부담스럽고 익숙하지 않다면 간단한 손 편지 한 장을 준비해도 좋다. 시대가 디지털로 변화되면서 글씨를 쓰기보다는 정보를 입력하는 것이 일반화되었고, 감사 편지를 주고받기보다는 간단한 메시지로 톡을 남기는 경우가 흔해졌다. 그래서 오늘날에는 정성 어린 손 편지가 갖는 임팩트가 상당해졌다. 잘 작성된 손 편지 한 장은 당신의 인상과 평판을 완전히 바꾸어 놓을 것이다.

사람은 언제나 마무리가 중요하다. 무엇을 얻기 위해서 좋게 마무리할 수도 있지만, 마음가짐을 긍정적으로 바꾸고, 또 나를 정리한다는 측면에서 퇴사를 잘 준비해보기를 바란다. 잘 마무리한 사람이 잘 시작할 수 있다. 커리어는 월급을 받으면서 나의 시간을 때우는 것이 아니다. 나의 인생이고 내가 나아가야 할 방향성이다. 한순간 한순간을 소중하게 생각하고 최선을 다하는 태도가 언제나 이긴다는 사실을 기억하자. 이 원리는 퇴사하는 순간까지도 적용된다.

Outro

“이직은 수단이지 목적이 아니다

지금까지 이직과 관련된 많은 요소들을 알아보았다. 이 책을 통해서 내가 전달하고자 하는 바는 아주 단순하다. 커리어라는 큰 관점에서 이직을 바라보고 나만의 기준을 만들어 가라는 것이다. 이미 여러 각도와 관점으로 설명했지만, 커리어에는 정말 정답이 없다. 해답이 없다는 말이 아니라 정해진 답이 없다는 뜻이다. 그러니 스스로 답을 찾아가야 한다. 외부에서 누군가 정해놓은 답이 있으리라 생각하지 말고, 나만의 기준과 방식으로 나의 선택이 답이 되게 하자. 우리는 충분히 그렇게 할 수 있는 지적 능력과 삶의 기준을 가지고 있다.

그런 의미에서 이직은 결코 우리의 목적이 될 수 없다. 말 그대로 이동하는 것이기 때문이다. 조금 더 넓은 의미로 말해보자면, 직장 그 자체는 우리에게 최종 목적이 될 수 없다. 어떤 기업에 다니는 것보다 재직 활동을 통해서 무엇을 이룰 것인가가 더 중요하다. 직장생활은 나와 내 가족, 그리고 다른 이들에게 내 삶이 어떤 의미가 있는지 찾아가기 위한 과정에 불과한 것이다.

어릴 적 많은 친구에게 꿈이 무엇이냐고 물으면, 대통령 혹은 경찰, 선생님과 같은 것들을 꼽았다. 요즘 어린이들은 유튜버나 아이돌 가수를 꿈꾼다고 하는데, 중요한 것은 꿈꾸는 직업을 가져서 무엇을 이룰 것인지를 고민해야 한다는 점이다. 그게 꿈꾸는 사람의 특징이다. 성인이 되면 꿈이 사라진다고 한다. 꿈이 없는 사람은 결코 번아웃에서 자유로울 수 없다. 어떤 위치에서 어떤 활동을 해도 소위 현타를 느끼고, 의미를 찾지 못해 어려움에 처하기 마련이다. 우리에게 필요한 것은 의미이다. 나의 시간과 재정, 에너지가 어떤 의미를 갖게 되고, 이를 통해 이루고자 하는 게 무엇인지 끊임없이 답해야 한다.

의미를 찾아가는 여정은 생각보다 복잡하고 힘들 수 있다. 그래서 내가 마지막으로 제안하고 싶은 것은, 나를 위한 커리어를 꿈꾸지 말고, 남을 위한 커리어를 꿈꾸라는 것이다. 역설적으로 남을 위한 커리어가 결국 나의 커리어를 완성시켜준다. 커리어는 경쟁력과 연결되는데, 현대 사회에서 차별화된 경험과 관점은 경쟁력과 직결된다. 나의 목표, 나의 유익만을 추구하는 사람은 이것저것 계산할 것이 많다. 모든 행동과 결정에 대해서 '이것이 나에게 유익한가?' '돈이 되는가?' '이 에너지를 사용할 만큼의 가치가 있는가?' 를 따져보기 마련이다. 이 계산 과정에서 가리는 것이 많아진다. 하지만, 다른 사람을 위한 의사결정 기준을 가진 사람은, 그들에게 도움이 되는지만 확인하면 된다. 그래서 누구보다 많은 경험을 하게 되고, 무엇보다 머릿속이 심플해진다.

남을 위한 도전은 실제적이다. 나의 유익은 감정적인 부분이 많이 연결되어 있지만, 타인을 위한 도전은 결과물 중심이다. 그래서 타인을 위한 행위는 의미를 부여해준다. 나는 타인을 위한 결과물을 만들어 내는 것이 선한 영향력을 행사하는 일이라고 설명하고 싶다. 나의 경우에도, 취업 문제에 도움을 주고자 시작한 유튜브 채널이 어느새 대한민국을 대표하는 취업 유튜브 채널로 성장하게 되었고, 그 과정에서 연결된 수많은 기업과 직장인들 덕분에 지금 이 책도 집필하게 된 것이다. 나의 인사 전문성을 강조하기 위해 나를 마케팅하려 했다면, 나의 활동 범위는 강사 정도에 그쳤을 것이다. 더 많은 이들에게 도움을 주고자 데이터를 중심으로 미디어 콘텐츠를 활용하고, 더 잘 정리된 내용으로 이해를 돕기 위해 책을 쓰게 되고, 기업 차원의 변화를 이끌기 위해서 기업컨설팅까지 연결하게 된 것이다.

당신의 꿈은 무엇인가?

어떤 커리어를 가지고 어떤 의미를 만들어 내고 싶은가?

오늘 하루는 당신에게 어떤 의미가 있는가?

오늘 하루가 당신에게 아무 의미 없이 그냥 흘러가는 하루가 되지 않고, 이 질문을 상고하며 행동하는 하루가 되길 기도하며 집필을 마친다.

이직 바이블 (JOB SWITCH : THE LEEZIK BIBLE)

초판 1쇄 발행	2023년 3월 20일
1판 2쇄 발행	2023년 4월 13일

지은이	이준희 (LEE HYUNG)
출판사	(주)NRD3
출판 브랜드	Alivebooks
주소	경기 과천시 양지마을4로 4-1
이메일	official@alivecommunity.co.kr

기획 및 책임 편집 | 이준희, 유혜련

디자인 | 강해진

교정·교열 | 김창대, 이주아